真実は霧の中

石山ひとし
Ishiyama Hitoshi

文芸社

まえがき

平成十六年六月末、私は二十三年間の教師生活にピリオドを打つ決心をして、学校長に退職届を提出しました。きっかけはいろいろあったにせよ、あまりに唐突な私の結論に周囲の先生たちはかなり驚いたようでしたが、私の中では公立中学校の教師をこれ以上続けていく意味は、もう数年前から薄れつつあったのです。私の退職届が県教委に正式に受理されたのは七月五日のことでしたが、私は退職届を校長室の机上に置いた直後から、職員室の身辺整理を始めました。そのスピードたるや、自分でも驚くほどの手際の良さだったように思います。「もう少し考えてから結論を出してはどうですか」親しい同僚がありがたい声をかけてくれましたが、私は一度決めたらなかなか結論を翻さない頑固な性格なので、最初は心配そうに私の行動を見守ってくれていた家族も、「お前がそんなに言うのなら仕方ないだろうね」と、最後は無理矢理納得してくれました。学期の途中で職場を去るのですから、授業では生徒に多大な迷惑をかけてしまったと思います。新しい学校に転勤してからまだ一年と三カ月しかたっていなかったので、授業のことを別にしても、私にとって子供たちと別れることは決して心地よいものではありませんでした。「本当にこれでいいのだろうか」正直言って迷ったことも確かです。でも、私には自分が退職することで世の中に訴えたい大切なことが山ほどもあったのです。私自身にも未熟な点がたくさんあるのは承知していますが、公立学校がこのままの状態を維持し続ける限り、日本の教育に未来はないと確信しています。今日、世間では教師や警察官などの公務員に対する厳しい批判が激しさを増していますが、教育界の内側はそのような批判をはるかに超越した悲惨な状況にあることを、どうしても世の中の多くの人々に知ってもらいたいのです。そして、教育制度を改革する権力を持った人々に真剣に教育の再活性化のための対策を検討してもらいたいと願っています。

私は、公務員という立場を失って初めて民間の風の冷たさを少しだけ実感しました。この不景気な時代に、仕事を見つけてお金を稼ぐということがどれほど大変なことか、それは公務員であった私の想像をはるかに絶するものでした。現在の私はある進学塾の時間講師の仕事をさせてもらっていますが、おそらく月給は教員時代の三分の一にも満たないでしょう。もちろん、このままで家族を養っていくことはできませんから、私なりにいろいろな作戦を日夜練っている最中です。「人間は、決して夢を捨ててはいけないんだよ。つらい日があっても、明日は明日の風が吹くのだから、いつも希望を持ってがんばろうね」私が今まで子供たちに語ってきた言葉を、今度は私自身が実践してみせる番です。生活は決して楽ではありませんが、私は決して負けずにがんばろうと強く心に誓っています。なぜなら、毎日悪戦苦闘している私を見ている妻や母やペットの龍馬君（雄の柴犬）のほうが、よほど大きなストレスを背負ってくれているのを知っているからです。私たち夫婦の結婚記念日は九月十日ですが、私は何とかしてその日に大きなダイヤモンドの指輪を妻にプレゼントしてあげたいと夢のようなことを考えています。私は、自分の突然の退職劇に何の非難の言葉も口にしなかった家族に、心の底から感謝の気持ちを示したいのです。

私の父は、老人介護施設にお世話になってからもう数年がたちます。もちろん私が教師を辞めたことは知りません。情けないことですが、私は今の私塾の時間講師の仕事が決まるまでは、妻と施設に行っても、車から降りて父の顔を見に行くことができませんでした。私の心の中にはもう何十年も昔のモノクロの父の写真がはっきりと浮かびます。農家をしていた父が、畑の真ん中に立ってまだ赤ん坊の私を抱いてにっこり笑っている写真です。私はその写真を思い出すと、汗水たらして働きながら私たち兄弟を立派に育ててくれた両親の温かさを思い知らされる気がするのです。ですから、仕事のない自分がもうすっかり弱って子供のような笑顔をたたえている父の前に立つことはとてもできませんでした。きっと、情けない自分に対する怒りと、父に対する申し訳なさが、大きな涙の粒になって次から次へとこぼれるに決まっています。そんな私の気持ちをよく理解してくれていた妻は、いつも私に「車の中で待っててくれていいからね」と優しい言葉をかけてくれました。

そんな私が、時間講師の仕事を手にしたのをきっかけに、ついに父に会う決心をすることができたのです。父は車椅子から立ち上がろうとして転んでしまい、鎖骨を折ってしまったばかりでしたが、いつもと同じ子供のような笑顔で私を迎えてくれました。私は一生懸命に涙をこらえながら、父の手を握って長い時間意味もない会話を交わしていました。皺だらけになった父の手……私は、この手で育てられたのです。だから絶対に弱音を吐くことは許されません。久しぶりに父の顔を見て他のご老人たちと笑顔で話をすることで、不思議なことですが、私の中に大きな勇気が湧いてきたような気がしました。私は、施設の皆さんの写真を何枚もデジカメに納めて、今大きなＡ４判の印画紙に印刷しているところです。この写真を見て、施設の大先輩たちが少しでも幸せな気持ちになってもらえたならこれほどうれしいことはありませんし、今の私にはそれくらいしか、施設で働いてくださっている職員の方たちに感謝を示す方法が見つからないのです。

父と会った帰りに、私たちはショッピングセンターに寄って、少し買い物をしました。私は以前から欲しかった美しい「ブーゲンビリア」の鉢植えを買い込んできました。昔、合唱コンクールの自由曲を選ぼうとしていたときに、ベトナム戦争のことを歌った曲に出てきた南国の花です。私にとってはなぜか懐かしさを募らせてくれる名前の響き。ブーゲンビリアの鮮やかなピンク色の花は、現在我が家の居間のテーブルの上に堂々と居場所を確保しております。

私は、教師をやめて民間の厳しさを感じるとともに、民間の温かさも感じることができました。みんな一生懸命に生きている。そんな当たり前のことが、今までの私には実感としてよくわからなかったのでしょう。そんな多くの善良な人々の期待を背負った学校は、決して今のままではいけません。私がこの本を書くことで不快感を抱く先生たちも少なからずいることは承知していますが、どうか日本の未来を背負う子供たちを育てる責任感をもう一度初心に帰って考えてみてもらいたいと思います。もちろん、私自身も自分に何ができるか考えながら書き進めるつもりです。

真実は霧の中

目次

第3章

新しい教育を目指して

第４章

私が文部科学大臣になったら

第1章

優しさばかりが愛じゃない

学校教育法第十一条

校長及び教員は、教育上必要があると認めるときは、文部科学大臣の定めるところにより、学生、生徒及び児童に懲戒を加えることができる。**ただし、体罰を加えることはできない。**
※過去の判例で教員の体罰が正当と判断されたものは、東京高裁の**「水戸五中事件」**だけだとされている。緊急避難的な手段としての腕力の行使は「体罰」にはあたらないという解釈をする法律学者もいるが、明確な結論は出ていない。

教員の体罰が大きな社会問題になっていますが、ひとくちに「体罰」と言っても、その態様には大きな差があることを知らなければなりません。たとえば、授業中にちょっとおしゃべりをしたからという理由で、竹刀で思い切りその生徒の頭を殴打したりする類の体罰は明らかに行き過ぎでしょう。しかし、もし妊娠している女性教師に危害を加えようとしている生徒を殴り飛ばしたとしたら、それも同じように「体罰」として処罰の対象になるのでしょうか。現在では「体罰」の解釈はかなり拡大されていて、教室から外に出したり、長時間廊下に立たせておいたり、正座をさせたりするような、「生徒が苦痛を感じる行為」はすべて「体罰」と見なされるのです。

実際に、ある中学校の職員会議でこんな議論が交わされました。それは卒業式を翌日に控えた臨時職員会議で、在校生の数名が式の進行を邪魔する行為に出る可能性があったために開かれた会議でした。ある先生が、「もし生徒たちが暴れて式を妨害するような行為に出たら、力ずくで排除しても体罰にはなりませんよね。生徒が殴りかかってきてこちらが反撃をするのは、正当防衛と見なしてもらえるのですよね」と管理職に確認したのです。すると、管理職の答えは実に不可解なものでした。「いや、正当防衛という行為は教師には認められないと思ってください」「すると何ですか。生徒に殴られたらそのまま殴られっぱなしになっていろということですか？」「まあそういうことになりますね」話し合いは平行線をたどり、とうとう結論の出ないまま職員会議は幕を閉じました。会議が終わった後の職員室では、「生徒が暴れたら力ずくでやるしかないよなあ」「でもそれで体罰だと非難されて処分されるのでは割に合わないじゃないか」「つまり生徒はやりたい放題ということか」「管理職がそれでいいと言うんだからいいんじゃないの」「そうだよな、真剣に対処しても守ってもらえないのなら、こっちもそれなりに手抜きで行くしかないものな」何の具体的な対応策もないままに、翌日の卒業式に臨んだ職員の緊張感を想像してみてください。各位置に散った職員同士は、携帯電話とにわか作りの手話で合図をしながら警備を進めたのでした。

こんなやりとりを保護者の皆さんが聞いたらきっと激怒したに違いありませんね。でも生徒の行為に強い対応をしたら「体罰」だと言われてしまえば、教師には何もできないのです。正義感に駆られて処分され、家族を犠牲にすることなど誰も望むわけはありません。

ある先生は、部活動で自分勝手な行動を止めない生徒に体罰を行使したということで、保護者から訴えられて県教委から懲戒処分を受けました。また、ある先生は、乱暴な生徒の前に勇気を持って立ちはだかって「殴るなら殴れ！」と言って生徒を煽ったということで、やはり県教委から懲戒処分を受けました。そして、この私も長い間いじめを受けていた女生徒を何とかして苦痛から救い出そうとして、いじめを始めた主犯格の生徒に体罰を行使したということで県教委から減給の懲戒処分を受けました。私の場合は、たまたま主要新聞と地元のテレビ局に大きく事件が扱われたために、その後は「暴力教師」の汚名を着せられて、悔しい数年間を送ることになりました。それでも文句は言えません。「体罰」自体は「学校教育法」で厳重に禁止されている行為なので、処分を受けるのは当然のことでしょう。ただ、問題なのは、県教委は教員の体罰を根絶したいがために、各市町村の教育委員会に強い指導をしているということです。「体罰を許すな」という指示が上からおりて来れば、各教育委員会は教員の体罰に対して過剰反応を示すことになります。体罰が発生すると、そのいきさつを細かく記した「事故報告書」を県教委に提出しなければならないことになっているようですが、教育委員会の担当者は、自分たちが体罰に対して厳しい姿勢で臨んでいるということを県教委に対してアピールしようとするがために、報告書には大げさな表現が使われることになります。県教委は各市町村の「事故報告書」を元にして処分を決定しますから、理由の如何を問わず、「体罰」に対しては厳重処分が下されるということになるわけです。

そして、「体罰」に対する処分の根拠となるのが「地方公務員法」です。

◎地方公務員法第二十九条

職員が次の各号の一に該当する場合においては、これに対し懲戒処分として戒告、減給、停職又は免職の処分をすることができる。

1. この法律若しくは第五十七条に規定する特例を定めた法律又はこれに基く条例、地方公共団体の規則若しくは地方公共団体の機関の定める規定に違反した場合
2. 職務上の義務に違反し、又は職務を怠った場合
3. 全体の奉仕者たるにふさわしくない非行のあった場合

◎地方公務員法第三十三条（信用失墜行為の禁止）

職員は、その職の信用を傷つけ、又は職員の職全体の不名誉となるような行為をしてはならない。

◎地方公務員法第四十九条（不利益処分に関する不服申立て）

任命権者は、職員に対し、懲戒その他その意に反すると認める不利益な処分を行う場合においては、その際、その職員に対し処分の事由を記載した説明書を交付

しなければならない。
2. 前条第一項に規定する処分を受けた職員は、人事委員会又は公平委員会に対してのみ行政不服審査法による不服申立て（審査請求又は異議申立て）をすることができる。

◎地方公務員法第五十条（審査及び審査の結果執るべき措置）

第四十九条の2第一項に規定する不服申立てを受理したときは、人事委員会又は公平委員会は、直ちにその事実を審査しなければならない。この場合において、処分を受けた職員から請求があったときは、口頭審理を行わなければならない。口頭審理は、その職員から請求があったときは、公開して行わなければならない。
3. 人事委員会又は公平委員会は、第一項に規定する審査の結果に基いて、その処分を承認し、修正し、又は取り消し、及び必要がある場合においては、任命権者にその職員の受けるべきであった給与その他の給付を回復するため必要で且つ適切な措置をさせる等その職員がその処分によって受けた不当な取扱を是正するための指示をしなければならない。

「体罰」以外にも、教育公務員の威信を損ねるような重大な事件は数多く起こっているのですが、現在は国民の注意が「体罰」や「性犯罪」に向けられているので、県教委はそれらの問題行動に対して厳重な処分をするわけです。もちろん目的の半分以上は世間に対するポーズでしょう。そして、いくら不服を申し立てても、処分が見直されることはほとんどあり得ないでしょう。それこそ県教委のプライドがかかっているわけですからね。実際に、私の場合もいろいろな証拠を用意して不服申立てをしましたが、一年半も審理が行われたにもかかわらず、「事故報告書」の内容には一切偽りはないという結論が言い渡されました。権力を持っている側が黒と言えば、白いものも黒くなってしまうのが日本のお役所体質なのでしょう。ところが、おもしろいことに、体罰を処分する側のお偉いさんの中には、かつて暴力教師の悪名が高かった人間が数多くいるということです。

というわけで、いったん処分を受ければ汚名を挽回することはほとんど不可能ですから、現代の教員が「サラリーマン教師」と化すことを非難することは絶対にできないのではないでしょうか。私は英語の教師なので、英語を使った職業を求めて思い切って職場を飛び出すことができましたが、他教科の先生たちは、民間に出てもまずつぶしはきかないでしょう。だとしたら、下手に正義感に燃えて危ない橋を渡ることは避けなければなりません。

もちろん、今の先生たちの無気力さの原因のすべてがそこにあるわけではありませんが、熱心な先生に足かせをしているのは明らかにこのような県教委の姿勢にあるのです。

子供を育てるときには、時には「愛の鞭」も必要でしょう。ところが、現代の親たちは子供に恨みを買うことをおそれて、厳しいしつけをすることをやめてしまいました。ですから、そういう、しつけを受けずに育った常識のない子供たちに無理矢理社会性を求めようとして大きなつけを払わされているのが中学校の教師だと言えなくもないのです。残念ながら、小学校の先生たちの多くは「しつけ」という行為を放棄してしまいました。そのいい例が「学級崩壊」という現象です。小学校の先生の話によると「学級崩壊」は小学校三年生から四年生にかけて突然起きるのだそうです。中学校ではほとんど見られない「学級崩壊」がなぜ小学校で起きてしまうのか、その原因は真剣に追求する必要があるのではないでしょうか。もちろん、その答えを出す責任と義務は親と小学校の先生たちにあるということです。

物わかりのいい大人を演じたつけ

昔、ある小学校で朝礼のときに生徒がきちんと並べない状況が続きました。原因は、左よりの職員集団にあったようです。「生徒をきちんと整列させることは軍国主義の名残だ」という理由から、子供たちに自由な行動をさせたのだそうです。「整列」と「軍国主義」がどうして直結されてしまうのでしょうか。それは「日の丸」や「君が代」を単純に「戦争賛美」と結びつける発想と似ているのではないでしょうか。日教組の思想はあまりにも偏っていると思います。実際、「教え子を戦場に送るな」とか「いつかきた道」などと立派なスローガンを掲げて頑張っていたはずの日教組が、自衛隊のイラク派遣でストライキも起こさないのですから、日本の学校の先生たちの正義感もどこまで本気なのか疑問に思わざるを得ません。

子供たちに厳しいしつけをすることは、決して「人権の侵害」などではないのです。「髪の毛を染めたりピアスをしたりするのは子供たちの自由で、学校がそれを規制するのは人権の侵害だ」などと声高に叫ぶ一部の人権擁護団体（自称）があるようですが、「自由」とはそれなりの「義務」に裏付けられて成立するものであることを考えれば、まだ何をすべきか判断もつかない子供たちに、ただ自由だけを与えるのは絶対に間違っていると思います。茶髪でなければいやだなどとわがままを言っている子供を「物わかりのいい」大人たちが擁護するわけですね。しかし、その大人たちはその子の将来にまで責任をとることなど決してないのです。

数年前に韓国から有名な女優が来日しました。今ではテレビのバラエティー番組に出演してすっかり日本人化してしまったかに見える彼女ですが、来日当時は日本人男性の印象を聞かれて、「韓国の男性は一本筋が通っているのに、どうして日本の男性はなよなよしているのか」と本気で憤慨していました。徴兵制度がある韓国の若者たちは、厳しい訓練を経験した分、日本人の男性にはない強さを持っているのでしょう。もちろん、徴兵制度が必要だということではありません。小中学校の二年間ほどを寄宿生活するだけでも、日本の子供たちはたくましく成長するのではないでしょうか。世界には、食べる物も着る物も勉強道具もなくて、それこそ「人権を無視された子供たち」が大勢いるというのに、なぜ日本の子供たちはこんなに甘やかされて育てられなければならないのでしょうか。

成人式で大暴れする若者たちが社会問題になっています。大暴れこそしなくても、来賓の挨拶も聞かずにただひたすら携帯電話でメールの交換をしている彼らを見ると、身の毛がよだつ思いがします。彼らに日本の未来を託すことが本当にできるのでしょうか。しかし、よく考えてみてください。小学校時代に「学級崩壊」を経験し、中学校では授業離脱をし、高校では好き放題の生活を許されてきた彼らに、まともな成人式をすることを期待する大人のほうが愚かなのです。「成人式をもっと楽しい儀式にしよう」などと方針転換をする自治体を見ると本当にがっかりしてしまいます。なぜ、だらしない若者たちに合わせて社会の仕組みをゆるめるのでしょうか。きちんと話が聞けない若者たちのために、税金の無駄遣いをして派手な成人式を挙行してやるくらいなら、リストラされて公園で寝泊まりする人々に援助の手をさしのべるほうがよほど価値のあることだとは思いませんか。

子供を甘やかして育てればどんな大人になるか、世間の大人たちはもういやと言うほど思い知らされているはずです。「最近の若者は」などと偉そうに嘆く前に、自分が大人として立派に子育てに関わってきたかどうかをよく反省すべきなのです。そして同じミスを二度と繰り返してはいけない。何万円もする携帯電話を小学生の子供に買い与える大人たち。高価なコンピューターゲーム機を持っていなければ友達の輪に入れない子供たちの異常な世界。背伸びをすることを覚えた子供たちは、大人の想像をはるかに超越した世界へとワープしつつあるのです。小学生で男女の関係を持つ子供たちも少なくないと聞きます。中学生にもなれば、それが当たり前のようになりつつあるのです。こんな異常な社会を作ってしまったのは我々大人です。これからの子供たちがしっかりと国を支える人間に育つかどうかは、今私たちが何をするかにかかっていると言っても過言ではないでしょう。

しかし、ここで私自身も勘違いしたくないことは、体罰を公認することが決して子供たちにいい影響をもたらさないということです。ですから、私がどんな理由があったにせよ、体罰で処分されたのは当然のことで、子供たちが大人を馬鹿にするようになったからといって、学校教育法第十一条の体罰の禁止条項に修正を加えるべきではないと思います。ただし、そこには親が親としての教育をしっかりと認識するという前提がなければならないでしょう。親が子育ての義務を怠れば、やがては学校の教師が強引な指導をせざるを得なくなるからです。

愛情に裏付けされた厳しさ

今年の母の日に、私は思いきって柴犬の赤ちゃんを母にプレゼントしました。二年前に飼っていた雌の柴犬が亡くなったのと時期を前後して、父が脳梗塞の後遺症で発作を繰り返すようになってしまいました。発作を起こして真夜中に救急車で病院に搬送されるたびにいわゆる呆けが進んでいった父は、とうとう老人介護施設のお世話になることになってしまったのです。母は、父が介護施設に入所している限りは二度と犬を飼わないことに決めていたようでした。父の世話に全力を注ぎたかったのだと思います。しかし、夜遅くまで友人の店を手伝って疲労を重ねていた母には、心の疲れを癒してくれる存在が必要だったのです。そこで、私は思いきって母の大好きな柴犬を買う決心をしました。ところが大きなペットショップを訪ねても、ケージの中に目指す柴犬を発見することはできませんでした。どうしていいか困ってしまった私は、何気なくインターネットのオークションサイトを開いて見たのですが、驚いたことに、そこには買い手を待つ柴犬が何匹もリストアップされていたのです。私は、どことなく愛嬌のあるクマゴローのような顔をした生まれてまだ三カ月の雄の柴犬に迷わず入札しました。入札終了までの十二時間は、私にとってどれほど長い時間に感じたことか知れませんが、幸運にも私は落札者になることができたのです。出品者はたまたま隣町の平塚市のペットショップのご夫婦だったので、私はすぐに連絡をとって「龍馬」（私の尊敬する坂本龍馬の名前を勝手に拝借してしまいました）を引き取りに行ったのです。龍馬は不安そうな顔をして、助手席に座っていた妻の胸にしっかりとしがみついておりました。彼と私たち一家との出会いが、私たちの生活を一変させることになるとは、そのときは考えてもいませんでした。私は、ただただ母の喜ぶ顔だけを頭に浮かべていたのです。

龍馬は家族の愛情を一身に受けて、日に日に驚くほどの成長を遂げていきました。私の家では、今まで何匹も犬を飼ってきましたが家の中で犬を飼うのは今回が初めてです。常に龍馬と接することで、私たちはペットを育てることの難しさを改めて痛感させられることになります。「猫かわいがり」という言葉がありますが、犬は決して猫かわいがりしてはいけないのです。排泄の場所も教えなければなりませんし、食べていい物といけない物の区別も教え込まなければなりません。パソコンのコードなどをかじって感電でもされたらたまりませんからね。ですから、時には声を荒げて叱ることも必要になってきます。強く叱られると龍馬は本当に申し訳なさそうな表情をするものですから、私たちはついつい龍馬に甘くなりがちでした。私たちが食事をしていれば、食欲旺盛な龍馬は必ずおねだりをしにダイニングキッチンに姿を現します。彼のつぶらな瞳を見てしまうと、ついつい何かをあげたくなってしまうのですが、人間の食べ物は犬にとっては害にしかなりませんから、飼い主である私たちは心を鬼にして龍馬の哀願の視線を無視しなければなりません。それは想像以上に辛いことです。その代わり龍馬がしっかり決められた場所で排泄ができたり、いい子でお留守番ができたりしたときは、本当に抱きしめてほめてやります。そういうときは、どんなにほめてもほめすぎということはないようです。「ほめること」と「叱ること」のかねあいを上手にこなすことで、飼い犬は情緒の安定した成犬へと成長していくのです。子供のいない私たち夫婦にとって、龍馬を育てることはどれほど貴重な体験だったか知れません。龍馬に一日でも長く健康な人生（犬生）を送ってもらいたいからこそ、私たちはどんなに愛おしく感じても、龍馬を必要以上に甘やかすことはしない決心をしています。

それにしても、動物というのは本当に偉大な存在です。人間の言葉がどれほど通じているのかは知るよしもありませんが、龍馬は明らかに私たち家族の感情を敏感かつ正確に感じ取っているのです。ですから、床に排尿してしまって私から強く叱られても、龍馬は私のそばを離れることは決してありません。彼は、私がどれほど彼を愛しているかきちんと理解しているからなのでしょう。家族の誰かが外出するときは、龍馬は必ず玄関まで見送りに来て、物憂げな悲しい表情を作ります。そんな彼の表情を見ていたら、とても出かける気持ちになどなれないほどです。そして、出先から家族が戻ると、彼はちぎれんばかりにしっぽを大きく振って、耳をふせて全身で喜びの感情を表現してくれるのです。どんなに厳しいしつけをされても、彼にとって家族の者はみな愛しい存在なのでしょう。私たちも龍馬のことを心の底から愛しているのですから、こんなにいい関係はないかも知れません。

ペットを飼うことと、子育てを一緒にしたら叱られてしまうかも知れませんが、子供を育てるときも愛情に裏付けされた厳しさが絶対に必要なのではないでしょうか。強く叱られても、普段から深い愛情に包まれていれば、子供は親を恨むことなど決してないのだと思います。逆に、悪いことをしても本気で叱ってもらえないことのほうが、子供を不安にしてしまうかも知れません。「私は、この子が生まれてこのかた、この子に手をあげたことなど一度もありません！」などと自慢げに吹聴している親御さんを見ると、私はその子の将来に大きな不安を感じてしまいます。優しい言葉だけで育てた子供は確かに従順な子供に育つかも知れませんが、人間も含めて動物というものは、必ずある時期に親子の別れの儀式があるものです。従順に育った子供は、親離れの時期に過剰な行動に出る危険性を秘めている可能性があります。江戸時代以来火山活動を沈静化している富士山が噴火したら大変なことになるのではないかと不安になるのと同じ理屈です。子供はミスをしたり失敗をしたりして成長するものです。ですから、悪いことをしたときには思いっきり叱ってやることが大切だと思うのです。その代わり、子供が立派なことをしたときにはこれ以上ないほどほめてあげればいいのです。親は、子供に嫌われることを恐れてはいけないし、恐れる必要もありません。親の愛情を感じている子供なら、いくら強く叱られてもそれで道をそれてしまうことなどないからです。私たち大人は、しっかりとした深い愛情に裏付けられた厳しさを決して忘れてはいけないと思います。それが大人としての威厳にも通じる道なのだと思うからです。

実は、学校の教師も同じ過ちを犯しているのです。何もかも理屈で諭そうとする姿勢が現代教師の理想像のように思われているようですが、それはよく考えてみると子供たちとの間に常にある程度の距離を置くことに他なりません。テレビの人気ドラマ「三年B組金八先生」の中で、武田鉄矢氏演じる金八先生は常に冷静に子供たちに話しかけてばかりはいないことに気づきませんか。彼は時には体当たりで子供たちに怒りをぶつけたり、叱ったりしているではありませんか。それでも金八先生は、子供たちの理想の先生であり続けるのです。「あれはドラマの中の話ではないか」と安易に馬鹿にしてはいけません。実際の教育現場にも、金八先生を遙かにしのぐような立派な人格者が数多く存在するのも確かだからです。私が教育実習でお世話になった先生もそんな立派な先輩の一人でした。

九州出身の山田先生（仮名）は、まさに熱血漢という言葉がぴったりの先生でした。野球部の顧問をしているときの山田先生は、近寄りがたいほど怖い存在でしたが、ホームルームでクラスの子供たちに接するときの先生は、仏のような朗らかな笑顔を絶やすことがありませんでした。そして、子供たちとの約束は絶対に破ることはありません。そんな山田先生は、特にツッパリ君たちから絶大な信頼を得ておりました。もちろん多くの生徒が山田先生を理想の先生として信頼していたことは言うまでもありません。

しかしながら、残念なことにあれから二十年以上が過ぎて、山田先生のような熱血教師の数は確実に減少傾向をたどり、今では体当たりで生徒に接する先生はほとんど数えるほどしか存在しないのが教育界の現状です。子供たちに理想の先生像を尋ねると、必ず「優しい先生」という答えが返ってきますが、表面上の優しい先生が、本当に生徒思いの立派な先生であることはほとんどないと言ってもいいかも知れません。逆に、普段は怖い先生で通っている先生に限って、心の底では生徒のことを真剣に考えている場合が多いのです。

私の大好きだった斉藤先生（仮名）はやはり野球部の顧問をしていましたが、学校一怖い先生で通っていました。私も、初めて斉藤先生に会ったときには緊張してまともな会話ができなかったくらいです。それが、ソフトボール部の顧問をしている私と同じグラウンドの上で過ごす時間が多くなるに連れて、私は斉藤先生の魅力が徐々に理解できるようになっていきました。斉藤先生は他のどの先生よりも早く出勤して、職員室の大きな二つのやかんにたっぷりのお湯を沸かすことを日課にしていました。たまに私がお湯を沸かしたりすると、「僕から仕事をとらないでよ」と冗談交じりに言ってきたりしたものです。斉藤先生は、一分でも多く生徒と一緒にグラウンドにいることを信念にしていました。

あるとき、私がソフトボール部のことで悩んでいると、とっくに帰路についたはずの斉藤先生が突然目の前に現れて、「何かあったの?」と優しい笑顔で声をかけてくれたこともありました。本当に心底から優しい先生なのです。ですから、学校で一番怖い斉藤先生は、同時に学校で一番人気のある先生の筆頭でもありました。教師も生徒も同じ人間であることには違いはありません。人間同士が本気で相手のことを思うときには、そうそう簡単に優しい言葉などかけたりはしないものではありませんか。言葉は少なくても、一緒に悩むことも時には必要でしょうし、無責任な同情の言葉はかえって相手を傷つけるだけでしょう。

悪いことは悪いと本気で叱ること。いいことはいいと大げさなほどにほめること。今の時代に本当に理想とされる先生像はそんな先生なのではないかと私には思えます。生徒に厳しくするということは、その生徒に対して最後まで責任を持つということです。優しい言葉よりよほど難しいことなのです。

子供の愛し方を知らない若い親たち

テレビのコマーシャルで政府の広告機構が「自分の子供なのに愛し方がわからない。ただしっかりと抱きしめてあげればいいのですよ」というようなメッセージを流しているものがありましたね。夜泣きがうるさいから、食事をむずかって食べないからという、ごくごく単純な赤ちゃんの発達過程をゆとりを持って見守ることができずに、両親で両足を持って畳にたたきつけて殺してしまったり、布団で口をふさいで窒息死させてしまう事件が未だに後を絶ちません。つい最近では、万引きをした中学二年生の男の子に折檻しようとして熱湯をかけて殺してしまったという悲惨な事件さえ発生しています。赤ちゃんはもちろんのこと、ある程度物心がついた年齢の子供たちに対しても、彼らが自分のしてしまった行為を反省している様子が見られたのなら必要以上に過敏な対応をする必要など全くありません。基本的に、子供たちは失敗から生き方を学ぶ存在ですから、親も先生も子供たちの失敗に必要以上に執着してはいけないのです。

ところが、また一方では溺愛することを親の義務だと考える人々もいて、子供たちの順調な成長を妨害してしまう親たちもいます。特に最近の母親たちは、会社勤めで疲れ切った父親に幻滅して、男の子に理想の男性像を求める傾向が強くなってきたと言われています。いわゆる「冬彦さん」の現象です。過保護の中で生活に必要な牙をすっかりもがれてしまった男の子は、いつまでたっても母親から乳離れすることができません。結婚しても身の回りの面倒は母親がするといった異常な状況が発生するのです。自分の奥さんに母親像を求める男性も増加しつつあると学者は指摘しています。過度な愛情もまた子供たちをだめにしてしまうことを、私たち大人は十分に心得ていなければなりません。

親ばかりではなく、学校の先生たちの中にも、生徒たちを心から愛せない教師が急増しています。要するに「所詮は他人の子」という発想がはびこりつつあるわけです。ですから、本気で愛していれば厳しく叱りとばす場面でも、「物わかりのいい先生」を演じてしまって、自己満足に陥り、子供たちからは足下を見られてしまう先生たちが非常に多くなりました。またまたペットの龍馬君の話に戻ってしまって恐縮ですが、私は龍馬のパパ役なので、ときには低い声で龍馬を叱ることを忘れないようにしています。しかし、決して怒りを長引かせることだけはしません。それどころか、叱った後には必ず龍馬のいいところを見つけて、しっかり抱きしめてわざと大げさに褒めてあげたり、ご褒美のクッキーをあげたりしているのです。動物は自分を愛してくれている人を敏感にかぎ分けますから、どんなに強く叱られても、龍馬が私に恐怖心を抱くことは決してないようです。龍馬は雄犬なので、私はときどき龍馬とプロレスごっこをすることも忘れません。動物の子供たちは、兄弟姉妹とじゃれ合いながら力加減や仲間関係を学んでいくものだからなのです。龍馬はうれしさが頂点に達するとすぐに私の腕や手を噛んできますが、決して本気で噛むことだけはしなくなりました。現在ではアフリカの山岳地帯にしか生息しないマウンテンゴリラの子供たちも、けんかやじゃれ合いを数多く経験する中で、力加減と上下関係を学んでいくのだそうです。

学校の先生たちはよく冗談のように「今の時代は子供たちを教育するよりも、親を教育するほうがよほど効果があるかも知れないな」などと言って苦笑したりするのですよ。これに関しては私もある程度は同感なのですが。実際に「母親学級」や「子育て一一〇番」のような無料相談機関が早急に必要な時代にすでに突入しています。子育てでノイローゼ気味になった母親たちの愚痴に耳を傾けてあげるだけで、彼女たちの気持ちがどれほど楽になるか知れません。一昔前ならば、同居する祖父母が子育ての知恵を若い親たちに伝授してくれたものですが、核家族化の進んだ日本では、なかなかそうもいかなくなってしまいました。そうこうしているうちに、相談相手のいない母親たちは自分自身を徐々に追いつめていき、大変な悲劇につながることになっているのではないでしょうか。

今の子供たちは大きく変わってしまったとよく言われますが、本当にそうなのでしょうか。もし私たちの世代が今の時代に生まれていたなら、彼らと同じ道をたどっていたに違いないと思うのは間違いでしょうか。二十年以上も教師をしてきて、私は現代っ子たちが私たちが中学生の頃と大きく変わってしまったと心底感じることはほとんどありませんでした。もちろん、価値観や感覚は時代相応の変化を遂げていて当然です。しかし、善悪の判断や子供らしい正義感と残酷さは、いつの時代も同じではないかと思うのです。むしろ私たちが子供時代にした数々のいたずらのほうがよほど残酷だったかも知れません。カエルのおしりにわらをさして思いっきり息を吹き込んだり、バッタに爆竹を縛り付けて点火と同時に空に放ったり、アリの巣に爆竹を分解して手に入れた大量の火薬を流し込んで、継ぎ接ぎだらけの導火線を作り、それに点火してキノコ雲を作って喜んだりしたではありませんか。現代っ子たちはそんな残酷ないたずらは滅多にすることはありません。それ故に、逆に命の尊さも学ぶ機会がないのだと言えなくもありませんが。

私が思うに、実際に大きく変わってしまったのは、子供たちを取り巻く大人たちの世界でしょう。明らかに未成年者とわかる若者たちがコンビニの前にたむろってたばこを吹かしていても、誰一人注意する大人はおりませんし、自分の子供さえ叱れない大人たちが、他人の子供の世話を焼くことなどあり得ない時代になってしまったのです。「今の子供は何をするかわからないから怖い」というのが多くの大人たちの感想でしょう。しかし、長年子供たちとつきあってきた私は決してそうは思いません。子供たちは本質的には昔と何も変わってはいないのです。しっかりとしたしつけと教育を受ければ、立派に成人してたくましく新しい日本の社会を築いていくことでしょう。そういう観点からすれば、今すぐにでも変わる必要があるのは私たち大人だという結論に達するわけです。

基本的に、子供たちは叱られるべきときにきちんと叱られないことを快くは思いません。自分たちのことを本気で考えてくれている大人の言葉であれば、多少の厳しさには耐えられるのです。ですから、若い親たちは子供を愛する気持ちさえあれば、自信を持って自分の気持ちや価値観を子供にぶつけてかまわないと思います。子供たちの心を自由に操ることは決してできませんが、子供たちに様々な価値観の選択肢を与えることは、大いに意味のあることです。そして、親は一生懸命に生きる姿を、ありのままに子供たちに見せるだけでいいのではないでしょうか。子育てに戸惑うあまり過保護になってもいけませんし、楽観視しすぎて放任主義になってもいけません。人生は、幸せをつかむために一生懸命に生きるものなのだという姿勢を忘れなければ、子供たちが大きく道をそれて危険な社会人に変貌することは決してないのだと信じることが大切だと思います。

何度も言うようですが、私たちは完璧な大人である必要もなければ、子供たちの前で見栄を張る必要もないのです。親も教師も地域の人々も、正直に生きるありのままの姿を自信を持って子供たちに示せばいいではありませんか。そして、反抗期独特の理屈をこねられたとしても、決して必要以上に物わかりのいい大人を演じてはいけません。自分の価値観を偽ってまで子供たちに取り入ろうとすれば、最終的には子供たちの信頼を失うことになってしまうからです。真の愛情に裏付けられた厳しさを、今こそ私たち大人が持つべきときがやってきたのです。

あるテレビ番組の特集で、渋谷の街に深夜まで徘徊している中高生にインタビューしていました。「オール」という言葉をご存じでしょうか。それは彼らの俗語で一晩中家に帰らずに遊び回っていることです。テレビの取材班は、インタビューに応じている未成年の少女たちが明らかにオールをしようとしているのを知りながら、ただひたすらくだらない質問を繰り返すだけでした。こんな番組を企画する大人の良識を疑ってしまいます。なぜ注意をしないのでしょう。「こんなことをしていて親は君たちを怒ったりしないの?」などと猫なで声で歯の浮くような質問をしているスタッフを見て、私はがっかりしてしまいました。これでは、無断外泊をしている少年少女たちを英雄に仕立ててしまうだけではありませんか。現に、画面にモザイクはかかってはいるものの、彼らは屈託のない様子でカメラに向かってピースサインなどをしているのですから、もう何がどうなっているのかわからなくなります。

確かに大人にとっても子供にとっても様々な形でストレスが重くのしかかる時代ではあります。子供たちの声に耳を傾ける余裕も必要でしょう。しかし、それは決して子供たちに遠慮した姿勢であってはいけないのです。

言動の一致しない教師たち

学校の教師についての不満を子供たちに言わせると、必ず登場するのが「先生たちは言っていることとやっていることが違う」という大変厳しい指摘です。もちろん学校の教師といえども神様ではありませんから、多少の言動の不一致は仕方ないことかも知れませんが、残念ながら実情はそんな生やさしいものではないのです。

まずは、参考のために学校の教師のよくある発言を列挙してみましょう。

◎消極的にならないで、どんなことにも積極的に挑戦する姿勢が大切です。
◎継続は力なりと言うではありませんか。
◎努力もしないで簡単に弱音を吐いてはいけません。
◎どんな友達とも仲良くできるようにしなければいけません。陰で友達の悪口を言うのは人間として卑劣なことです。
◎できるだけ友達のいいところを見るようにしなさい。
◎提出物の期限は絶対に守ること。だらしない習慣がつくと、入試のときなどに大変な思いをすることになりますよ。
◎他人の苦労を思いやる心が大切です。
◎自分の可能性を信じて、未知の分野に積極的に挑戦する気持ちを持ちなさい。
◎目標に向かって常に努力しなさい。
◎学校をきれいな環境に保てるよう、一生懸命そうじに精出しなさい。自分の分担場所でなくても、気がついたら整理整頓を心がけなさい。

こうして今までの教員生活を振り返りながら先生たちの常套文句を思い返していたら、

思わずおかしくなってしまいました。ここにあげた内容を自ら実践している先生をほとんど見たことがないからです。

公務員というのは労働の実績がなかなか目に見えにくいために、非常に甘やかされた環境で仕事をしています。常に向上心を持って、自分の発言に責任を持とうと努力している立派な先生たちも確かにいるはずですが、私の印象ではほぼ九割近くの先生たちは、現状維持さえ難しい状況にあると言えるでしょう。

ここ十年来の職員会議がその最たる例でしょう。担当者がきちんと原案を出したと仮定します。「仮定します」と言ったのは、職員会議に出すべき資料を作り損ねて適当に口頭で提案をするとんでもない先生も少なくないからです。いずれにしても、担当者が何かを提案すれば、当然そこには質問や意見が飛び交う場面が想像されますね。ところが、ほとんどの先生は少しでも早く会議を終わらせたいので、もめそうな議論はしたがらないのです。というよりも、自分が担当していない事柄に関しては驚くほど無関心だと言ってもいいかも知れません。それが証拠に、その年度の体育祭や合唱祭がいつ実施されるか全く知らない先生たちも少なくないのです。クラス担任として学級会に立ち会えば、意見を言わない子供たちに発破をかける先生たちが、自分たちの参加する会議では貝のように固く口を閉ざしてしまうのですから、それこそまさに時間の無駄というものでしょう。議論のないままに承認された形になった事項は、まずほとんど誠実に取り組まれることはないのですから、これは大変大きな問題です。

わかりやすい例をあげれば、四月の最初の職員会議で「くるぶしソックスをはいている生徒には注意をして学校が用意した普通のソックスに履き替えさせましょう」という提案が生徒指導部からなされて、そのまま何の議論もなく承認されたとしましょう。すると、職員会議が終わったばかりの放課後の廊下でくるぶしソックスをはいた生徒とすれ違っても、不思議なほど注意をする先生はいないのです。そして、おそらく数週間後には、くるぶしソックスが禁止されていることも忘れてしまう先生たちが何人も出てきます。これでは、学校はまともに機能するはずがありません。一生懸命に職員会議で意見を言って、会議で決定した内容を忠実に実行に移すまじめな先生は、生徒たちから話のわからない堅物として倦厭されることにもなりかねません。そして、最悪のケースでは、「先生は、別にくるぶしソックスが悪いとは思っていないんだけどね」などと自分だけが物わかりのいい先生を演じる「裏切り者」さえ登場する有様です。

職員室の先生方の机の上には、かなりの数のノートパソコンが置かれているので、一見するとどの先生もパソコンの勉強に一生懸命取り組んでいるように見えることでしょう。ところが、実際には他人が作ったソフトにデータを入力するか、簡単な文書をワープロソフトで作る程度の作業をするのが精一杯の先生たちがほとんどです。自分から進んで勉強して、新しい技術を身につけようとする先生はおそらく十人に一人いるかいないかでしょう。

実はかくいう私もそんなに偉そうなことは言えないのです。パソコンを初めて買ったのは四年ほど前のことですし、それまではほとんど機械ものには興味がありませんでした。ビデオの予約の方法すら知らなかったのですからとんでもない先生です。それでも、自分がパソコンを使った高度な仕事を引き受けたのをきっかけに、大英断をして毎日徹夜に近い状態で必死に勉強を続けました。人間の能力というのは不思議なもので、機械音痴だとばかり思いこんでいた私は、実は結構機械と相性が良かったのです。自分で簡単なソフトを作ることができるようになるまで一カ月もかかりませんでした。

今ではかなり高度な編集作業やデータ処理もこなすことができるようになりましたし、定期的にパソコン雑誌を購読しているので、ＩＴ関係の情報は常に最先端のレベルを維持しています。私は決して特別に優秀な頭脳の持ち主ではありませんが、四十歳代も半ばになって、あれができない、これができないと言うことは大変恥ずかしいことだという常識だけは持ち合わせていたということです。世間の人々が不景気の影響で倒産やリストラの憂き目に遭いながら必死で生活している現代の日本にあって、学校の教師だけが大した能力もないのに一人前以上の月給をもらうわけにはいかないではありませんか。

また、学校の先生ほど整理整頓が苦手な人種もいないでしょう。どの学校も似たり寄ったりだと思いますが、印刷室には印刷ミスのプリントが雑然と積み重ねられ、裏紙印刷などとてもできる状況ではありません。学校は現在もまだB４判・B５判の用紙を使って教材や文書を作る習慣になっていますから、何かの都合でA４判に印刷したようなときには常識として、用紙をB判に戻しておくのが当たり前だと思うのです。確かに授業が詰まっている日はなかなかそんな心のゆとりもないかも知れませんが、毎日が大忙しの連続であるわけではありませんし、気がついた先生が次の人が使いやすいように印刷機の調整をしておくくらいのことは簡単にできるはずなのです。紙資源の節約のために市町村の教育委員会は裏紙印刷を奨励していますが、裏紙印刷用の箱を用意したとしても、そこにはすでに両面印刷された用紙が混じっていたり、生徒には見せられない秘密の文書が混じっていたりするのが実情です。ゴミ箱があふれんばかりになっていても、自分から進んでゴミ袋を束ねて新しい袋と交換する先生などまず見たことがありません。下手をすると、紙ゴミを捨てるためのゴミ箱の中に平気でボールペンや金属類を捨ててしまう先生もいるのですから、もう規律も何もあったものではありません。

そんな状況ですから、校内の壁にいたずら描きがあったりしても、率先してきれいにしようとする先生もまずいないのです。本当に恥ずかしいことだと思います。私は少なくともそういう常識的なことについては、しっかりと仕事に取り組んできました。でも特別なことをしていたとは思っていません。民間の企業では当たり前のことばかりだからです。子供たちは、そんな先生たちの実情を本能的に察していますから、担任の先生の言葉がクラスに深く浸透しないのも不思議ではないでしょう。私が生徒だったら、きっと職員室に怒鳴り込んでいると思います。

平和な学校では、先生たちがどんなに企業努力を怠っていたとしても、子供たちはあからさまに反抗的な態度をとることはありませんから、先生たちもこれでいいのだと勘違いしてしまうのでしょう。もしそんな先生たちが、規定の在職年数に達して荒れた学校に異動したとしたら、まず間違いなく使い物にならない教師の烙印を押されてしまうことでしょう。そして、子供たちのあからさまな反抗に常にストレスを感じる状況の中、やがては

「通勤拒否」状態に陥ることもあり得るのです。政治の世界にも同じことが言えると思いますが、平和なときこそ自らにむち打って向上心を忘れてはいけないのですが、「赤信号みんなで渡れば怖くない」式の原理が学校にはぴったりとあてはまってしまうのです。職員室のほとんどの先生は、現状維持を良しとして、決して向上しようと努力などしていないからです。

これから書くことは最も恥ずかしいことなのですが、率直に物を言うことが苦手な日本人の典型が学校の先生だと言えるかも知れません。その場にいない先生の悪口に花を咲かせている教師たちのひそひそ声を聞くだけで胸が悪くなる気がします。管理職の悪口などは、まずほとんどの先生が陰で言いたい放題でしょう。きちんとした意見があるのなら、堂々と校長室のドアをたたけばいいではないですか。私は、どうしても言いたいことがあるときは、きちんと相手を前にして意見を言うようにしています。ときにはそれが強い口調になってしまって相手に不快感を与えてしまうこともありました。それは私の欠点ですね。それでも、表面上は常に笑顔を絶やさずにいて、陰では悪口を言いたい放題言っている先生よりはずっとましだと思います。こうして、学校内の実情を本にしたためれば多くの先生たちから恨みを買うことはまず間違いありませんが、私は陰でしか批判をしない人間は相手にしないことにしているので、何を言われても全く気にとめません。それよりも、「君の意見はここがおかしいと思う」とはっきり言ってきてくれる先生がいたとしたら、私は喜んで素直にその先生の批判の声に耳を傾けるでしょう。誠実な人とは、必ず理解し合えると信じているからです。

これを書いたらもう大変な騒ぎになってしまうかも知れませんが、敢えて真実を伝えたいと思います。実は職員室での悪口や中傷は仲間の教師に対してだけではないのです。生徒や保護者の悪口も当たり前のように飛び交っているのが今の職員室だと思って下さい。ですから、私はぜひ提案したいのですが、職員会議には保護者代表も出席できるようにすることと、教頭先生以外にもう一人職員室の風紀を管理する副校長という役職を作って、健全な職場作りに早急に取り組むべきだと思うのです。そうでもしない限りは、先生たちが初心に帰って前向きに教育に取り組む状況が生まれるとはとても思えません。

新しい人事評価制度が導入されて二年目になりますが、実際には形式的な域を出ていないのが現状です。本気で人事評価を考えるのなら、先生たちの細かな業績は正確にチェックする必要があるでしょう。学級通信を出している先生、教材研究に熱心な先生、道徳の授業を軽視しない先生、教育相談の結果を学級経営に着実に反映させている先生、部活動の指導に熱心な先生（結果の良し悪しは別として）、新しい仕事に積極的に挑戦する先生、そんな先生たちの業績はしっかりと記録に残すべきです。また、定期的に子供たちから先生に対する評価をつけてもらう制度も実施するべきでしょう。経済的には過保護なほど守られている教育公務員なのですから、自らそのくらいの厳しい状況の中に身を置く覚悟ができなければ、世間の人々に顔向けできないではありませんか。

こんな提案をしたら日教組から目の敵にされてしまいそうですが、よどむ水は腐るたとえの通り、競争原理の働かない職場はやがては衰退していくのではないでしょうか。かつて国鉄がＪＲへと移行して真剣に企業努力をするようになったのはまだ記憶に新しいところです。もし、公立の小学校や中学校が、学区撤廃に伴って生徒の自由選択にゆだねられることになったら、どのくらいの学校が生き残ることができるでしょうか。公務員の自動車通勤を禁止したり、夏休みを返上したり、勤務時間を厳格にしたりしても、学校に活気が戻ることはまずあり得ません。「～してはいけない」という制度よりも「～したら昇給される」というプラス志向の制度の方がより現実的なのではないでしょうか。

教師としての武器を身につけること

私は退職して初めて、公務員には失業手当がないことを知りました。つまり、基本的に公務員にはリストラはないという原則があるからなのです。しかし、能力のない社員は確実にリストラされる民間企業では、誰もが自分の存在意義をアピールする武器を身につける努力をしているはずです。

私が外国語学部の学生だった頃は、学校の英語教育はまだ学校文法と訳読が中心の古い授業形態をとっていました。まだコンピューターも一般には普及していなかった時代のことです。しかし、世の中の流れを読めば、私が教壇に立つ頃には英会話の必要性が強調される時代になっているに違いないと確信していました。ですから、私の英語学習法は決して他人には真似のできないものだったと思います。もともと中学生の頃から映画の台本を見て独自の勉強をしていたような生徒でしたが、高校生になるとまずは発音記号を徹底的に研究して、英和辞典さえあれば正確な発音ができるように自分で訓練を積み重ねました。大学受験用の長文問題なども、内容の優れたものはすべて暗記するようにしていましたから、私の頭の中には常に膨大な英語がインプットされていたことになります。大学生になると、ラジオの英会話番組を担当している外国人講師の授業を直接受けたくて、毎週南青山のＮＨＫ文化センターまで通った時期もありました。実際には、あまりに果てしない勉強に嫌気がさして、何度も英語の道をあきらめようと思ったものです。そんな私を勇気づけてくれたのは、学生時代に出会ったイギリス人の先生でした。私は日本人としても小柄な体格でしたから、どちらかといえば外国人恐怖症の気があったのですが、そのケーリーという女性は、そんな小心者の私をかわいがってくれたのです。「あなたの頭の中には日本語があって、いつもその日本語を英語に変換する作業をしているから駄目なのよ。頭の中から日本語を追い出すことから始めましょう。英語で考えて英語で意志を伝えるようにするのです」私が英語圏に留学することなくネイティブスピーカー並の英語力を身につけることができたのは、ケーリー先生のおかげです。教師になってからも特別な勉強方法を続けた私は、英検一級にも楽々と合格することができました。これは決して自慢をしているのではないのです。自分なりの努力をねばり強く続けることで、人間の能力は果てしなく開発され続けるということを言いたかったのです。私は今でも映画を使って現代英語の雰囲気を学習する訓練を続けています。収入が極端に少なくなって決して経済的には楽ではありませんが、映画のＤＶＤは何本も買ってきてはしつこく観ています。この勉強の仕方は趣味と実益を兼ねた楽しいものなので、これだけではあまり効果はないとは思うのですが、今の私の課題は、英語の持つ感情を映画の登場人物の表情から学習することなのです。"I don't like it."と"I hate it."の響きの違いを肌で感じることができるようになりたいのです。現在の我が家の状況で外国に留学することは許されませんから、日本にいながらその違いを肌で感じるようになるには大変な時間がかかると思うのですが、私は絶対にあきらめません。

中学校の先生だから、このくらいの知識があれば十分だろうという発想は、私は間違っていると思います。その教科についての深い知識と理解力がなければ、難しい内容をかみくだいてわかりやすく教えることはできないと思うからです。ですから、私は同時通訳のできる中学校の先生を目指していました。もちろんまだまだ先は長いですけれどね。

テレビドラマの影響もあって、授業が上手であることよりも、生徒の気持ちをよく理解してくれる先生が理想のように世間では思われているかも知れませんが、教師の基本はまずは授業なのです。わかりやすい上手な授業をすることで生徒との基本的な信頼関係が築かれます。その上で、子供たちの気持ちを理解したり、適切なアドバイスを与えたり、喜怒哀楽を共にしたりする資質が求められるのだと思います。果たして、自分の教科に対する自分の知識に強い自信を持っている先生はどれくらいいるでしょうか。教師になっても、その安定した地位に甘んじることなく、旺盛な好奇心を失わずに常に前向きに学習する先生こそが、今最も求められているのではないでしょうか。豊かな日本では、学習の教材になるもので手に入らないものはないでしょう。そんな恵まれた環境の中で、教育に携わる人間たちは常に謙虚に学習する姿勢を失ってはいけないとは思いませんか。

教師の向上心は、自分が担当する教科だけに限られたものであってもいけません。自分が経験したことのない部活動の顧問を任されたとしたら、その分野の研究も熱心に行う義務があると思います。私は六種目の運動部の顧問を経験しましたが、一番技術の習得に苦労をしたのはソフトボールのピッチングでした。なぜ腕が太ももに接触することが投球のスピードを上げることにつながるのか、その理屈を理解することがどうしてもできなかったのです。たまたま学区にソフトボールのピッチングを科学的に研究している方がいらしたので、私はその方のアドバイスを受けながら、部活の終わったグラウンドで、校舎の壁に向かってひたすらピッチングの研究に挑みました。今では楽に投球ができるようになりましたが、それでもスピードは現役の女子高生にははるかに及びません。スピードを出す秘密がまだどこかにあるのですね。ソフトボールに関しては、湘南ブロックや県の役員もさせていただいた関係で、三種審判員と三種記録員の資格も取得することができました。それまでできなかったことができるようになるというのは、何歳になってもわくわくするほど嬉しいものですね。中学校の教員をやめてしまった私ですが、好奇心旺盛な自分はこれからも様々なことに挑戦していくことでしょう。常に自分を向上させながら、様々な人々との出会いも経験したいのです。もし、学校の先生たちの多くが熱心に自己研修を積むようになったとしたら、公立学校もまだまだ蘇る余地があると思います。

ちなみに、こうして執筆活動に精出している私は、小学校時代、作文ほど嫌いなものはなかったのです。中学校時代にもつまらない文章しか書くことができませんでした。そんな私がなぜすらすらと文章を綴ることができるようになったのかは、自分でもよくわかりません。もしかしたら、塾の講師時代から続けてきた学級通信を書く習慣が、私の中に眠っていたちょっとした才能を引き出してくれたのかも知れません。いや「才能」などと言える代物ではないことは十分承知しているのですが、原稿を執筆するスピードはどんな有名な作家にも決して負けないのではないかと思います。一日に原稿用紙五十枚から百枚を書くことも決して苦にはならないのです。人間の能力というのは実に不思議なものです。

私は最後の学校で三カ月間だけソフトボール部の顧問をしたことになるのですが、子供たちの能力の開花のスピードには目を見張るものがありました。ちょっとした練習の工夫でみるみる技術が向上していくのです。四月には全員が右打者だったのですが、私は急遽左打者を何名か作り、高度な打撃法を教えました。彼女たちがその技術をマスターするのに二週間もかからなかったような気がします。ボールの握り方や、グラブの構え方をほんの少し変えただけで、選手たちの技術は格段の進歩を遂げてしまうのです。後は、勝つための作戦を学ぶこと。毎週末の練習試合は彼女たちにとってはとても辛かったと思いますが、その努力が実って、一回戦負けのチームだった彼女たちは、たったの三カ月間で見事に湘南ブロック三位に輝いたのでした。

第2章

信頼が子供を動かす

子供の可能性を本気で信じること

学校の教師は、保護者向けの懇談会などでよく「子供たちの可能性は無限です」などと笑顔で発言したりするものですが、心の底からその言葉の重みを実感し、そして何らかの行動に移している先生は、残念ながらあまり多くはありません。まさに「言うは易く行うは難し」です。矛盾した言い方になるかも知れませんが、学校の先生の大切な仕事は、通知票に記された成績の数字が、いかに当てにならないものかを子供たちに納得させてあげることだと思うのです。どんなに評価の研究をしても、所詮は一人の人間の作った基準に基づいて決定される成績です。その成績が高校進学の際に非常に大きな意味を持つことは確かですが、同時にその数字が生徒の能力を正確に判定したものであるとはとても思えません。人間の能力は常に開発される可能性を秘めているからです。

私は定期テストの答案用紙を返却していてとても悲しい気持ちになることがあります。それは、英語が苦手な生徒がいかにも申し訳なさそうに自分の答案用紙を受け取りに来るときです。「テストの点数が悪いのは君だけのせいではないのだし、一斉授業だから開発しきれない能力だってあるんだよ」と大きな声で励ましてあげたくなるのですが、まさかクラスの仲間の前でそんなことを言えるわけもありませんから、私はとにかく精一杯優しい気持ちでほほえみかけることしかできませんでした。もちろん、点数の悪い生徒の答案にはできるだけ励ましのメッセージを添えるようにはしていましたが、採点に追われているときなどはそんな気配りさえ実行できないときが多かったことも事実です。

私は現在ある大手進学塾の個人授業を担当していますが、その子に合ったペースと内容で説明すれば、驚くほど確実に理解度はアップするものです。日本の公立学校は、教育予算の関係もあってなかなか少人数授業を実行に移すことができずにいますが、少なくとも授業の一クラスが十名前後の生徒に抑えることができれば、教育の効果は絶大な向上を遂げることになるでしょう。こんなに豊かな日本にあってそれが実現できないもどかしさは、どの先生も感じていることだと思います。

勉強の苦手な生徒は、その教科に対して自信がまったくありませんから、常にプレッシャーを感じながら授業を受けることになります。しかし、補習形式のアットホームな雰囲気の中での授業であれば、もっと気楽に学習もできるはずですね。わからないところがあれば、恥ずかしがらずにどんどん質問することもできるでしょう。子供たちは「こんな質問をしたらみんなに馬鹿にされてしまうかも知れない」と案じて授業中の質問を控えてしまうのだと思いますが、理解できないことをそのままにして先に進んでしまうことほど愚かなことはありません。たとえみんなに馬鹿にされたとしても、恥をかくのは一瞬です。実際には同じ箇所で躓いている生徒も大勢いるはずなので、勇気を出して質問することはとても意味のあることなのです。わからないまま先に進んで、大人になってから大きな恥をかくことを考えれば、中学生時代の恥など何でもないではありませんか。ところが、そういう理屈を子供たちに丁寧にわからせてあげる教師はなかなかいないのも現実です。生徒に質問ばかりされていたら、教科書を計画通りに進めることができなくなってしまうという理由もあるでしょう。また、先生によっては自分がエリートコースを歩んできたために、勉強がわからない苦痛を理解できない場合もあるかも知れません。

人間には誰にも「知りたい」「わかりたい」という欲求があるものです。そして、そのような好奇心が満たされたときの喜びは格別ですし、それがまた「もっと知りたい」という強い欲求への導火線にもなるわけです。たとえば、英語では「私はりんごを（一個）持っています」と言うときに"I have an apple."と言いますね。この"an"というのはいったい何なのでしょうか。授業中そんな質問をしてくる生徒はなかなかいないものです。「私は犬を（一匹）飼っています」と言いたいときには"I have a dog."なのに、どうしてなのでしょうね。実は、もともとは"one"と言っていた言葉がやがては崩れた発音の"an"になり、それでは発音しにくいケースではさらに発音が単純化して"a"になったのです。こういう説明を聞くと、大人の人でも「なるほどそうだったのか」と少し英語の学習に興味が湧くのではないでしょうか。授業とは、生徒の素朴な疑問を話題にしながら教え方を工夫することによって、いくらでも興味深いものにすることができるものなのです。

私は高校時代「日本史」が大の苦手でした。あの細かな字が並んだ資料集のページをめくるだけで身の毛がよだつ思いをしたものです。ところが、大学生になってから先輩の勧めで今は亡き司馬遼太郎氏の『竜馬がゆく』（全八巻）を読み終えたときには、すっかり日本史の虜になっている自分に気づきました。それまでの私にとっては「日本史」とは難しい人名や事件名の暗記でしかなかったのですが「坂本龍馬」という人物の壮大な人生を知ることで、「日本史」がまさに人の歴史であることに気づいたのです。そして歴史が作られる背景には必ず女性の存在があることも実に興味深く感じました。そして不思議なことに、それまではとても覚えられなかった幕末の志士たちの名前がいとも簡単に自分の口から出るようになっていたのです。

普通の人間は、死ぬまでに脳の三％程度しか使わないという話は有名ですね。偉大な科学者でも、せいぜい一二％がいいところだそうです。ですから、様々な刺激が与えられれば人間の能力は飛躍的に開発される可能性に充ち満ちていると言えるのです。嫌いだった教科も、教師のちょっとした言葉で好きになることだってあるわけですから、学校の先生の責任は重大だと言わざるを得ません。最近では「教科書を教える」先生が増えてきているようですが、立派な先輩たちは異口同音にこう言っておりました。「教科書で学習の楽しさを教える」のが教師の仕事なのだと。

私と同期採用されたある数学の先生は、放課後が部活動で忙しい現状への対抗策として「補習プリント制度」を始めました。まずはその制度に参加する生徒を募ります。参加を認められた生徒は、廊下の机の上に置かれた箱の中から一枚の補習プリントを持ち帰ってノートに貼り、問題を解いてからそのノートを「ノート提出用ボックス」の中に入れておくのです。すると、先生は回答のプリントと次の補習プリントをノートに挟んで、今度は「ノート返却用ボックス」の中に入れておくわけです。部活の顧問としても大忙しだった彼は、生徒の補習ノートの採点をする時間などありませんでしたが、彼の考案した制度は生徒たちに大歓迎されました。彼は、常に限られた時間を有効に使う工夫をしていて、授業も大好評でしたし、また部活の顧問としても奇抜なアイデアを練習に取り入れることで見事な成果を収めておりました。私も彼の真似をして、Ａ・Ｂ・Ｃという三コースのレベル分けをした補習プリント作りを始めましたが、その作業は想像を絶する苦労でした。実際、恥ずかしい話ですが、私の補習プリントは自然消滅してゆくことになりました。一見すると何でもないようなことでも、それを一年間ないしは三年間続けるとなると、大変な作業なのです。だからこそ、子供たちも先生の苦労に報いるために一生懸命頑張ったのではないかと思います。

私は、現代っ子たちの生活をテーマにした会話集を作って、その会話をすらすら言えるまで暗記してくる制度を試したことがありました。もちろん生徒たちは自分のペースで暗記してくればいいわけで、時間的に余裕のない子は、部活が終わって最終下校時刻が過ぎた後に、こっそり私のところに試験を受けに来ておりました。「試験」と言っても、暗記した会話（スキット）を私の前で発表すればいいのです。合格した生徒には、新しいスキットが渡されるという仕組みになっていたのですが、子供たちの暗記力は私の予想をはるかに超越していて、私は毎日のように新しいスキットを作らなければならない状態に追い込まれてしまいました。英作文は日本語の作文とほぼ同じ程度に自由に作ることができる私なのですが、子供たちにとって親しむことができて、更に気の利いたせりふを中学生レベルの英語で作ることは、また特別な配慮が必要です。でも、それは私にとっては嬉しい悲鳴ではありましたが。教師にとって、生徒たちが自分の教科の学習に夢中になってくれることほど嬉しいことはないからです。そのための苦労なら少しも苦にはなりません。

子供たちの可能性は、勉強だけでなくクラスの係活動や放課後の部活動でも、同じように無限に開発されるものです。教師に限らず大人というのは子供の性格や能力を比較的簡単に決めつけてしまいがちですが、たとえば消極的に見える子供が、ちょっとしたきっかけで見違えるような積極的な子供に変身してしまうことは案外と頻繁に起こります。年齢にかかわらず、人間は自信を持ったときには自分でも信じられないような能力を発揮するようにプログラムされているのでしょう。実は、私も子供の頃はいわゆる「おばあちゃん子」で、いつも祖母の陰に隠れて照れくさそうにしている子供でした。「三つ子の魂百まで」と言いますが、そういう消極的で臆病な性格は現在の私の中にも確実に残っています。ところが、大学時代以降外国人と接する機会が多くなって、私の性格は急速に変化していきました。初めて海外旅行に行った南太平洋のフィジー島でも、自分でも不思議なくらい大胆な行動をとっていましたし、二回目に行ったインド洋のモルジブ諸島では、自分から島のレストランのオーナーに交渉して、一人あたりの参加費一ドルで、にわか作りの国際テニストーナメントを企画実行しました。レストランの窓には自作のポスターも貼らせてもらいました。自分の中にそんな積極的なもう一人の自分がいるなんて、本当に信じられない嬉しい気持ちになったのを覚えています。教師生活を二十年以上も続けてきた現在の私は、人前でたいていのことをするのは全く苦になりませんし、多くの場合は台本さえ必要ありません。キャンプファイヤーのエールマスターなどは得意中の得意です。それでも、前述したように私の中には一人で静かに部屋にいたいと願う自分も確実に存在するのです。人間というのは本当に不思議な存在です。

自分の可能性さえ予測不能なのですから、子供たちの可能性はもう無限に広がっていると思ってまず間違いないでしょう。

Ｉ子は吹奏楽部の部長でしたが、まじめな性格が災いして、気の強い他の部員たちからいじめを受けていました。Ｉ子の表情は日に日に暗さを増し、やがては学校を休むことも多くなっていきました。Ｉ子にとって大好きだった部活動は、部長という肩書きがついた瞬間から地獄へと変貌してしまったのです。すっかり自信をなくして輝きを失ってしまったＩ子に対して、担任の若い先生はなかなか有効なアドバイスを与えることができませんでした。I子はクラスの中でもからかいの対象へとなっていったのですが、担任はI子を守ってあげることもできなかったのです。教師が未熟であることは大きな罪です。だからこそ、学校の先生は常に自分を向上させる努力を怠ってはいけないのです。年度が変わって三年生になったI子を、私は自分のクラスに入れてもらいました。本当は先輩教師である私が若い未熟なI子の担任を励ましてあげるべきなのですが、その時点ではI子をピンチから救い出すことが優先されるべきだと判断したのです。私はもう中堅のベテラン教師と呼ばれる年齢になっていましたから、I子を守ることもI子に自信を取り戻すきっかけを作ることも、難なく実行することができましたが、大切なのはI子の中に眠っている可能性を眠りから覚ますことです。私はI子がほんの少しのプレッシャーを感じることもないような明るいクラス作りに知恵を絞りました。そのクラスは他のメンバーにも恵まれたこともあって、一カ月もしないうちにいい雰囲気ができあがり、I子の表情も見違えるほど明るくなりました。卒業までにどれほどI子が活躍したかを文字にしたら、一冊の本ができあがってしまうくらいです。しかし、私が特別に有能な教師だったわけではなく、中堅の教師はそのくらいのことが当たり前にできなければならないのです。

部活動でも、自信がなさそうに活動に臨んでいる生徒たちが大勢いますが、文化部にしても運動部にしても、顧問の指導方法次第で部員たちはいくらでも大きな変貌を遂げて私たちを驚かせてくれるものです。私が一番長く顧問を務めさせてもらったソフトボール部でも、入部したときにはこちらがびっくりするほど運動音痴だった子が、みるみるうちにたくましく立派な選手になって、学校生活でも自信に満ちた日々を送った例を、数え切れないほど見てきましたから、今では人数さえそろっていれば、湘南ブロックで三位以上の成績をとるチームを作る自信があります。選手たちの可能性を信じて、とにかくありとあらゆる工夫を練習に活かすのです。通り一遍の練習メニューでは、自分自身が運動音痴だと信じ込んでいる選手の可能性を引き出すことはとうていできません。この練習の工夫が顧問にとっては実に楽しいことで、本当にちょっとしたアイデアで選手の技術や自信はあっという間に向上してしまいます。いかにもお嬢さんとしか思えなかったような女の子が男勝りの大きな声を出して、ダイビングキャッチをするようになるのですから、私はソフトボール部の顧問をすることが楽しくて楽しくてしかたありませんでした。試合に勝つとか負けるとかそういう問題は結果としてついてくるもので、部活動の醍醐味は部員の意外性を引き出すことに尽きるのです。

だいぶ遠回りをしてしまいましたが、学習面でも生活面でも、子供たちはいくらでもプラスに成長する要素を持ち合わせているのに、それに対応できない先生がどんどん増えているのが今の学校教育の大きな問題点でしょう。いくら楽しいことでも、当然のことながら苦労は伴いますから、本当に教育に情熱がなければ、年齢を重ねるに連れて先生たちは自然と向上心のない「サラリーマン教師」と化してしまいます。現代っ子の乱暴な振る舞いが社会問題になっていますが、「乱暴な振る舞いをする」ということは、見方を変えればそれだけエネルギーを持っているということなのです。ですから、先生たちが彼らの迫力に負けないくらいの熱心さとねばり強さと誠意を持ち合わせていれば、荒れている学校が蘇ることもそんなに難しいことではありません。しかし、現状は平和な学校がどんどん活気をなくしていくという情けないものであることは確かですから、「いま」先生たちが心を入れ替えてもう一度情熱を取り戻さない限り、公立学校の教育が蘇ることは決してあり得ないでしょう。民間企業に比べたらはるかに恵まれた報酬を得ている教育公務員なのですから、自分を改造する努力を怠る先生は、さっさと職場を去るべきです。私が働いている私塾には「情熱のない教師は去れ」という標語が大きな文字で掲げられていますが、その標語が本当に必要なのは、実は学校の職員室なのですね。自らを厳しく律することができない職場……考えさせられてしまいます。

ハードルの高さを調整できない大人たち

子供たちが無限の可能性に満ちていたとしても、その可能性を引き出す方法はケースバイケースです。自信をなくしている子供であれば、大げさにほめて勇気づけてあげる必要があるでしょうし、普通の生活を送れている子供であれば少し高めのハードルを設置してあげるのがいいでしょう。また、非常に前向きな状態にある子供には、かなり高めのハードルを用意することが大切です。ところが、学校の教師も含めて、最近の大人たちは子供たちに高いハードルを与えることを「かわいそうだ」と認識しがちです。本当にかわいそうなのは、子供たちの可能性が開花する芽を摘んでしまうことなのですが、高いハードルを前に苦労している子供たちの姿を、じっくりと見守ってあげる勇気がないのです。子供時代はいくら失敗しても、そばにいる大人がいくらでもその失敗をカバーしてあげることができるのですから、たとえばハードルが高すぎると嘆き、涙を流している子供の姿を見ても、じっと耐える勇気が私たち大人には必要なのです。

いま目の前の子供たちの笑顔を望むがために「優しい大人」になろうとすることは、客観的に分析すれば「子供に対して優しい」のではなく「自分自身に対して優しい」のだということに気づかなければなりません。いま目の前の笑顔と大人になってからの本当の笑顔と、あなたならばどちらを選択したいでしょうか。厳しい姿勢を貫いて、子供たちに高いハードルを与えれば、一時的には子供たちから恨まれることもあるかも知れませんが、本心から子供たちの幸せな将来を願うのであれば、そのくらいのことは我慢しなければならないのではないでしょうか。なぜなら私たちは、子供たちが大人になったときにはかなり高い確率でこの世にいないかも知れないからです。一人でたくましく社会を生き抜く力を身につける手伝いをすることが、子育てに関わる大人たちの一番の使命なのだと私は常に信じてきました。ただし、誤解してはならないのは、子供たちにはそれぞれに異なったレベルの忍耐の限界があるわけですから、本当に落ち込んでしまっている子供に対して更にむち打つようなことをしてはいけません。その見極めをしっかりすることも、大人の責任でしょう。

「時代がヒーローを生む」とか「ライバルが自分を育てる」などという言葉がありますが、

人間が能力を発揮するためには、何らかの「障害」や「ストレス」が必要なのです。それが証拠に「平和呆け」の現代社会からは、スケールの大きなヒーローは誕生しないではありませんか。私を含め多くの日本人が尊敬する坂本龍馬という人物も、幕末に生まれていなければ、ただの剣術使いか船乗りで終わっていたかも知れないのです。

私はソフトボール部の顧問を長く続けてきました。そして県内でもとても怖い顧問ベストテンにランキングされていたと思います。しかし、私は朝寝坊をして練習に遅刻したり塾やお稽古ごとで部活を早退することについては苦言を呈したことは一度もありません。基本的に部員たちが一生懸命頑張ってくれていることについてはみじんも疑いを抱いてはおりませんでしたから、練習に関しては厳しい要求をしても、その他のことについては意外なほど寛大な顧問でした。夏休みなどは文字通り朝から晩まで練習をしましたが、途中でプール遊びを取り入れたり、マネージャー役になって毎日蜂蜜漬けのキーウィーフルーツやレモンのスライスを作ったり、結構優しい先生でもありました。ですから、部員たちはそんな私の性格に慣れてしまえば、どんなに厳しい要求にも応えようと必死になってくれました。私が彼女たちのことを本当に娘のように思っていることを理解してくれていたからでしょう。ただ厳しいだけの顧問に、現代っ子たちがついてきてくれるわけがないではありませんか。ところが、周囲の先生たちや保護者の一部は、私のことを冷血漢の鬼顧問だと信じ切っていたようです。

私が部員たちを一番強く叱るのは、他人を思いやらない行為を平気でしたときでした。あるとき、三年生が一人でグラウンドにブラシをかけているのに他の部員たちがそれに気づかずにのんきに用具の後かたづけをしていたことがありました。普通に考えれば、どの部員もそれなりにまじめにやっているのです。でも、レベルの高い本当にチームワークのいい集団を作るためには、わざと高いハードルを設置する必要があります。私は全員を集合させて、なぜ一人でグラウンド整備をしている三年生に気づかないのかと部員たちを責めました。しかも、その日の午後は部員たちがかねてから切望していた厚木商業高校（名将利根川監督の下、常に全国のトップに位置するソフトボールの名門校）の試合を見に行くために、私が自分の都合を無理矢理変更していた日だったのですが、部員たちの半分は友達と遊びの約束でもしていたのか、用事があって行けないと言ってきたのです。そのチームの顧問になってからまだ三カ月しかたっていない頃だったので、部員たちは監督の私が彼女たちに一番求めているものを知らなかったのは無理もないことでしょう。そこで私は、わざと彼女たちに言い放ちました。「先生がなぜこんなに怒っているのか、その理由を自分の考えで明日までに原稿用紙十枚に書いてきなさい」一人でコート整備をしている三年生に気づいたり、顧問の思いやりに感謝したりすることができない選手は、実際の試合でチームがピンチに立たされたときに、自分のことしか考えられなくなってパニックになるのが常です。仲間がエラーして落ち込んでいるときに、自然と励ましの声がかけられる気配りは想像以上に難しいことで、それができるようになるためには、普段の練習から厳しい要求に慣れていなければなりません。原稿用紙十枚などと言われたら、大人でもどうしていいかわからなくなってしまうかも知れませんが、子供たちが本気で自分たちの悪かった点を考えたとしたら、周囲の大人たちの想像とは裏腹に、何とか十枚の原稿を仕上げてしまうものなのです。それに、たとえ十枚書けなくても、一生懸命に書いてきた三枚ならばそれでいいではありませんか。私は、自分たちの足りない点を真剣に考えて欲しかっただけですから、結果の原稿用紙の枚数などどちっとも問題にするつもりはありませんでした。もちろん、最初からそんなことを言ってしまったら子供たちはできるだけ楽な道を選んでしまうでしょう。ところが、周囲の先生たちはそんな私の要求を「乱暴で無茶なやり方だ」と一方的に決めつけて、信じられないことに「原稿用紙十枚なんて無理に決まっているから、一枚でも二枚でもいいのよ」などと優しい先生を演じてくれたのです。本当ならば、「あなたたちのことを思って厳しい宿題を出してくれたのだから、精一杯頑張ってやってごらんなさい」と励ますのが同僚のチームワークなのではないでしょうか。案の定、翌日の朝一番に私のところに来た二年生部員は、原稿用紙一枚だけの作文を持ってきました。私はわざと意地悪な質問をしました。「先生がそんなものを受け取ると思っていたのか？」すると二人の部員は「いいえ」と答えました。「それならどうしてそんな半端なものを持ってきたんだ！」と一喝して、私は彼女たちの原稿を投げ返しました。それを見ていた他の先生たちは、私のやり方は子供たちの人権を無視していると非難したのです。子供たちが一生懸命頑張っているのに、私のやり方は残酷すぎると言いたかったようです。

ここが教師の世界の矛盾したところです。いかにも子供たちのことを考えているような発言をする先生に限って、自分の発言に最後まで責任を持とうとはしないのです。実際、なぜ私がそこまで厳しい態度をとったのか、その理由を私に尋ねてきた先生は一人もおりませんでした。驚くかも知れませんが、その先生たちは、私が顧問にならなければ、その年度で一年生の部員募集を停止して、いずれはソフトボール部を廃部か休部にする決定を職員会議でしようとしていたのです。私はそんな先生たちの無情さに腹が立って、ドクターストップをかけられていた体調を無視して顧問を引き受けたのでした。私は、自分の体調がまた悪くなったとしても、最後まで彼女たちのために頑張る覚悟を決めていたからこそ、厳しい要求もすることができたのです。教師の世界では、理屈をこねて優しい先生を演じる人ほど、子供たちの将来について無責任です。それが証拠に、「そんなやり方をしたら子供たちがかわいそうだから、自分が代わりに顧問を引き受けてもいい」と私に言ってきた先生はただの一人もおりませんでした。自分が苦労してまで生徒たちのために頑張ろうという気持ちは毛頭ないのです。残念なことですが、これが現在の公立学校の教師集団の現状です。校内暴力の全盛期が終わって、先生たちはすっかり平和呆けしてしまったのかも知れませんね。

市内の多くの学校で校内暴力が荒れ狂っていた時代には、私たちは率先して部活動の顧問を引き受けたり、校内の環境美化に努めたりしたものです。壁にいたずら描きをされているのを発見したら、気づいた先生たちですぐにペンキを持って行って、元通りのきれいな壁に直してしまうのです。ものが壊れたときも、すぐに電動ドリルなどの工具を使って修理してしまいました。大切なのは、私たち教師集団が学校を良くするために必死になっているという姿を、子供たちに常に示すことでしたから、自分の生活よりも何よりもまずは学校のために自分がどんな場面で力を発揮できるかだけを考えました。校内で喫煙している生徒たちを注意すれば、殴り合いになる危険性がかなり高い時代でしたが、私たちは決してひるまずに彼らと向き合いました。もちろん内心は恐怖との戦いであったことは確かです。怖くても、逃げるわけにはいかない状況だったので、正門に他校のツッパリ君たちが登場すれば、自然と足がそちらに向かっておりました。「もうどうにでもなれ」という開き直った気持ちです。「乱闘になったらそのときはそのときだ」「きっと仲間が助けてくれるに違いない」当時はほとんどの学校が大規模校でしたから、職員の人数も多く、先生たちの考え方もバラバラだったのですが、自分の意見とその学校の職員としての行動とは別問題だという認識を誰もが持っていたので、仲間が信じられないということは決してありませんでした。問題行動を毎日のように起こす生徒たちを、屋上から狙撃する夢を見たこともあります。そんな異常な夢を見るほど、私たちの抱えていたストレスは大きかったということでしょう。

ところが、皮肉なことに平和な学校が戻ると、職員間の意見の違いが強く表面に出るようになり、お互いの信頼関係は徐々に崩れていったのです。多くの先生たちは、何よりも自分の生活を最優先するようになっていきました。その結果が今の公立学校です。子供たちに敢えて厳しい要求をすることができる親や教師が激減してしまった今、家庭や学校はもはや子供たちが成長できる場所ではなくなりつつあります。こんなことで本当にいいのでしょうか。このまま学校が沈滞した雰囲気を持ち続けたとしても、決して倒産することはないのです。それでも、皆さんは自分の子供を公立学校に預けようという気持ちになりますか？　私は自分に子供がいたら絶対に私立の学校に行かせるでしょう。皆さんのお子さんがすでに中学校に通っていたとしたら、その学校の先生たちの中に、自分の子供を私立の学校に通わせている人はいませんか？　神奈川県では、平成十六年度から高校入試の学区制を撤廃してしまいました。公立高校の無気力さに愛想を尽かした親たちが、企業努力を必死で続ける私立高校に期待をかけるようになったからです。これで果たして県立高校は蘇るのでしょうか。そしてやがては中学校の学区制も撤廃するつもりなのでしょうか。

実は、ひと昔前までは許されなかった学区外の中学校への通学も、今では様々な理由から許可されるようになっています。特に、転居に伴って転校を余儀なくされるようなケースでは、友達関係が変わることで子供が不登校になる可能性があるという理由や、部活動の人間関係がその子にとって生き生きとした中学校生活を送るために不可欠であるという理由など、保護者が教育委員会に真剣に訴えると、委員会は転校を指示してマイナスの結果になることを恐れて、比較的簡単に学区外通学を許可するのです。これは見方によっては子供たちのことに十分な配慮をした結果のように見えますが、実際には保護者から訴えられて大きな問題にされてしまうことを教育委員会が避けようとしているというのが真相でしょう。ひどい場合になると、強い部活のある学校にどうしても通いたいからというわがままな理由から、敢えて寄留を選択する子供たちもいます。そこまで行くと少しやりすぎのような気もしないではありませんが、どの学校も部活動の顧問の引き受け手がいなくて困っている現状を考えると、それを保護者や子供のわがままだと決めつけるわけにもいかないかも知れません。このような傾向がさらに顕著になれば、企業努力のない中学校は生徒数が徐々に減少し、やがては統廃合の危機に直面することになるでしょうが、そのくらいの危機感があったほうが、のんきな公立学校の教師にとってはプラスの効果をもたらすのではないかと思います。

ストレスの多い時代に適応できない学校

神奈川県教委のホームページを見ると、いじめや不登校については減少傾向にあるという結論を下しているようですが、いじめが潜行しやすい性格のものであることを考えると県教委に報告されるいじめの件数が、実際には氷山の一角である可能性も否定できないでしょう。それでも表面上の数字だけを見て問題が解決に向かっていると結論づけるのは少し短絡的に過ぎるのではないでしょうか。県教委はいじめや不登校に対して様々な対抗策を練っていますが、それらの対策が県内の全ての公立学校に適用される経済的な余裕があるはずもなく、実際にはお題目で終わっている対策が非常に多いのです。例えば、小学校などで「学級崩壊」などの現象が明らかになった場合は、県教委から特別に職員が配置され、その学級を複数の教師で立て直すということに数年前からなっているのですが、私の知る限りでは市内でそのような制度が活用された例を見たことがありません。

いじめや不登校の問題だけでなく、凶悪犯罪の低年齢化も、現代の子供たちが非常に大きなストレスを抱えている証拠でもあり、早急に何らかの具体的な対策が実施されなければば事態はさらに深刻化するばかりです。以前小学校の飼育小屋の中の動物が惨殺される事件が頻発して社会問題になりましたが、その類の事件は身近な小学校でも実際に起きていたのです。弱い立場の動物の命を粗末に扱うという心理は、やがては人間の命も尊重することができなくなる可能性を示唆しており、子供たちが命の大切さを学ぶ場を、様々な立場の大人たちがみんなで知恵を絞り合って考案しなければならない時代です。しかしながら、週休完全二日制の実施に伴って、授業数確保のために自然とのふれあいの行事も小規模化ないしは廃止されつつある状況です。世界は「正義の戦争」という詭弁のもとに合法的な殺戮行為が随所で起きていますし、残酷な殺人事件も毎日のようにテレビニュースで報道される大変な時代にあって、子供たちに命の尊さを教えることは非常に困難な状況にあると言えます。また、実体験が少なくなるのと反比例するように、コンピューターゲームの仮想現実の世界に浸る子供たちが増え、イラクの戦争までもがゲームソフト化されて店頭に並ぶ時代ですから、「殺人」という行為も、もはや子供たちにとっては特別な犯罪ではなくなりつつあるのかも知れません。

長引く不景気の中で、政治家や公的団体職員による許し難い税金の無駄遣いが次々に露呈する一方で、長年尽くしてきた会社にある日突然リストラされる中高年も一向に後を絶ちみません。中高年層の自殺の件数も深刻な状況を呈しているようです。狭い道で車のすれ違いがあっても、以前のような笑顔の譲り合いはなく、つまらないことで怒鳴り合いの喧嘩になったり、道を譲っても対向車のドライバーは当たり前のようなすました顔で通り過ぎたり、現代の日本の社会はあちこちにストレスのかけらがころがっている感じがします。ほんの少し他人を思いやる気持ちさえあれば、もっとストレスの少ない住みよい地域社会が実現するはずなのに、誰もが「自分一人が頑張っても何も変わらない」とあきらめてしまっているのでしょうか。店員さんや、タクシーやバスの運転手さんとちょっとした会話を交わすだけでも、心が温かくなるような気持ちになりますが、そのような接触さえ多くの人が意図的に避けているような感じさえするのです。「悩みは誰かに話すことですでに半分は解決したのと同じである」というようなことを聞いたことのある方は多いのではないかと思いますが、人は人と交流することでストレスを上手に発散するようにできているのではないでしょうか。それにもかかわらず、携帯電話のメールやコンピューターのチャットが流行し、実際に面と向かって他人と会話をすることが苦手な若者たちが増えつつあるのは、憂慮すべき問題だと思います。コンピューターの技術は上手に利用することを常に心がけていないと、知らぬ間にコンピューターに使われていることになりかねない危険性を秘めています。「デジタル」と「アナログ」を上手に使い分ける知恵をなくしてしまうと社会はますます潤いのない非人間的な場所と化していくのではないでしょうか。

そんなストレスの時代においては、環境を整える工夫が非常に大きな意味を持っています。病院や福祉施設に観葉植物などが置かれているのは、少しでも心の安らぐ空間を作り出そうとする工夫でしょう。私は、肉体的に無理をしすぎて自律神経失調症を患った経験があるのですが、そんな私を救ってくれた心療内科の主治医の先生にドラセナ・マッサンゲアナという観葉植物をプレゼントさせてもらいました。日本では「幸福の木」として有名になっていますね。その幸福の木は、室内に置かれることがほとんどなので、幹の切り口にセメントが塗られて、必要以上に大きく成長しない工夫が施されています。基本的に鉢植えの木は鉢の大きさに合わせて適度な大きさにしか成長しないものなのですが、私がお願いして心療内科の診察室に置いてもらった「幸福の木」は驚くほど大きく成長してしまったのです。「木は生きている」と主張する植物学者がいますが、私は「幸福の木」も確かに生きていたのだと確信せざるを得ませんでした。つまり心療内科の診察室を訪れる人々は、まず例外なく優しい繊細な心の持ち主たちですから、幸福の木は患者たちの心の温かさをどんどん吸収して巨大に成長したのではないかと思うのです。それとも、逆に優しい木が患者たちの心のストレスを吸い取ってくれて、それを浄化して成長のエネルギーにしたのかも知れません。私は、自分の担任していたクラスに同じ「幸福の木」を置いて枯らしてしまった経験があるので、非常に複雑な気持ちになりました。そこで、もう一度一生懸命に世話をしてみたくなって、我が家の居間にもつい先日少し大きめな「幸福の木」を置きました。脳梗塞で倒れた父が福祉介護施設に入所し、私が学校の教員をやめてしまった我が家にあって、今度の「幸福の木」がどんな成長を遂げてくれるのかとても楽しみです。

植物ばかりでなく、動物たちも人間の心を癒してくれる存在であることはよく知られています。アメリカでは自閉症の子供たちの治療方法としてイルカと一緒に泳ぐ手法が試され効果を上げていますが、日本でも老人ホームなどを犬や猫が訪問する例が増えてきました。それまでは一言も口をきかず内に閉じこもりがちだった老人が、犬と接することで言葉と笑顔を取り戻したという話もテレビで紹介されていました。我が家でも三カ月前に雄の柴犬を飼い始めたのですが、いたずら坊主の彼が来てから、家の中が一挙に明るくなったのは事実です。私は彼に「龍馬」という名前をつけましたが、龍馬の寝顔を見ているだけで、疲れた心もすうっと癒されていくのを感じます。胃の調子が悪かった妻も、龍馬が来てからすっかり体調が良くなったと言っていました。やはり人間は自然の動植物と共存する中で、生き生きとした生活ができるようにプログラムされているのかも知れません。

そんなことを考えながら学校の教室を見渡してみると、ほとんどの教室が実に殺伐とした風景を呈していることに驚かされます。昔は教室掲示に担任たちはずいぶん工夫を凝らしたものですが、今の学校はなぜこんなにも乱雑なのでしょうか。普通の学校では掃除が終わってから帰りの学活をすることになっていると思いますが、掃除が済んだはずの放課後の教室の床にプリントが散らばっていたり、壁の掲示物が破れていたり、据え付けの棚に置かれた植物が枯れたままになって放置されていたり、黒板がチョークの粉で汚れたままになっているのはなぜなのでしょう。担任は帰宅する前に自分の教室に行って、乱れた机を直したり棚の本を整理したりするのが当たり前だと思っていたのですが、そんな簡単なことさえ実行できない先生たちが確実に増えてきているのでしょう。壊れた机は、何カ月もそのまま放置されていることさえ珍しくはありません。いたずら描きで黒ずんでしまった廊下の壁も、毎日少しずつハイテクスポンジで磨けば、あっという間にぴかぴかの状態に戻るのですが、私が最後に赴任した学校はもう何年も壁磨きをした気配すらありませんでした。私は一年間かけて一階から四階までのほとんどの壁を磨き上げてしまいましたが、すっかり明るくなった校内の雰囲気に何かを感じた先生たちはあまりいなかったようでした。壁のいたずら描きの状況を見ているだけでも、子供たちの抱えるストレスの状況がよくわかりますから、暇を見つけては壁と見つめ合うことはとても意味のあることだということに気づきました。そのことは職員室でも話題にしたのですが、他の先生方からはほとんど反応がなかったようです。私は、この学校が荒れるまであと二年もかからないだろうと予感しています。もちろん私の予感がはずれてくれたらそれに越したことはないのですが……。文科省が次々に実施してくる教育改革に追われて心の余裕すらなくしがちな状況にあるのはわかるのですが、心療内科に通っていた私でさえできたことが、健全な他の先生たちにできないわけはないでしょう。やはり公立学校の教員の多くがすでに向上心を失ってしまっているのでしょうか。そういう教師としての責任を自覚している私が退職することになって、環境に鈍感な先生たちが職場に残るというのも恐ろしい皮肉ですね。

　もちろん、学校によっては職員が協力し合って快適な生活空間作りに腐心しているところもないわけではありません。私は部活動の練習試合で県内のあちこちの学校を訪れる機会に恵まれましたが、正面玄関を入ったところに画廊のようなスペースを作って、生徒たちの作品をきれいに展示している中学校もありましたし、生徒たちの団らんの空間に大きな水槽を設置して、その中に巨大なナマズを飼っている中学校もありました。熱帯魚の愛好家の間ではレッドテイル・キャットフィッシュとして知れ渡っている南米の魚です。生き餌として金魚を食べるというのはちょっと恐ろしい感じもしますが、愛嬌のある彼（彼女？）の仕草は、いつまで眺めていても飽きない感じがしました。そういう例を見れば、ちょっとしたアイデアでいくらでも癒しの空間を作ることができるわけですから、先生たちの努力に期待したいと思います。

味気ない学級日誌と続かない学級通信

二十二年ちょっと前に私が新採用の教員になったころは、まだワープロが普及し出す二、三年前の時期でした。英語のプリントも職員に配布する文書も学級通信も手書きの原稿です。採用前に教育実習をした年にはまだ鉄筆で蝋原紙に傷を付けて、ガリ版で印刷していたのも懐かしく覚えています。私は新しい機械に順応するのがとても遅いので、同僚たちがワープロを使い始めたのを見ても、なかなか自分では手を出そうとはしませんでした。「手書きに価値があるんだ」などという強い信念を持っていたわけでは決してないのですよ。私はそれほどの読書家ではないくせに、本のページで活字を見るのが大好きなのです。ですから自分の原稿が活字になるワープロには大変な魅力を感じておりました。

いずれにしても、私は手書きで必死に学級通信を書くことが好きで、時には夜中の三時四時まで原稿用紙と向き合っていたこともあります。しかし、何にでも全力投球することが教師の使命だという力みがあったので、学級通信も計画的に最後までねばり強く書けるようになるまで六年くらいかかったように思います。やがて学級通信を継続して書くことに慣れてくると、気持ちにも余裕が出てきたのか、やっとワープロをいじるようになりました。高校生の時から趣味でタイプライターをいじっていた私は、キーボードのブラインドタッチはお手の物だったので、ワープロを始めるともう夢中になってプリントを作りまくりました。自分の考えや教科のアイデアが活字になる喜びは、私にとってはまた格別のものだったのです。

その当時は、学級通信を出す先生は決して珍しくはなく、みんなそれぞれに個性のある通信を書いては、お互いに配り合うことで、いい刺激になっていたような気がします。それがまた、クラスの生徒や保護者とのコミュニケーションの大切な手段ともなっていました。担任が何を考え何を思っているのか、当時の子供たちや親たちは手に取るようにわかったと思います。中には感想を書いてきてくれる保護者もいて、そんなときは大々的に紙面に紹介したりもしたものです。子供たちの感想文なども頻繁に紙面を飾り、イラストを描くのが好きな生徒には、学級通信用のイラストを描く仕事を依頼して、毎回その子のイラストを使うようにしていたこともありましたが、それもまた私と子供たちとの信頼関係を深めるのに大きな役目を果たしてくれたのです。また、文章を書くことは、自分の考えを整理することにもつながり、私は毎日自分の行いをじっくり反省するいい機会を得ていたことになります。

私がコンピューターに手をつけたのも、当然のことながら同僚たちより十年は遅かったでしょう。しかし、そのときもワープロソフトを覚えるのに一週間とはかからなかったように思います。コンピューターをいじりだしてからまだ四年と少しですが、私の編集技術やデータ処理技術は飛躍的に向上し、最近作ったプリント類にはありとあらゆるイラストや写真が、適当なポジションに散りばめられて子供たちの目を楽しませていました。学級通信をカラー印刷して子供たちの行事での活躍ぶりをリアルタイムで家庭に伝えることもできるようになり、私は文書を作ることがこの上なく楽しくなっていったのです。学級通信は最低でも年間百枚以上は発行できるようになりました。最高記録はＢ４判の学級通信で年間六百号を発行したときでしょう。これは間違いなくT市の最高記録でもあると思います。学級通信のタイトルや形式も年度によっていろいろと工夫しました。その中でも「拝啓すんたろう様」というタイトルの学級通信が一番凝っていたように思います。それは「すんたろう」という名前の友達に、学校で起きたことを手紙で報告する形式の学級通信でした。直接子供たちや親たちに語りかける形式ではなかったために、素直に楽しく読んでもらえたようで、その年度の終わりに「すんたろう」というニックネームを提供してくれた女生徒がきれいな表紙を作ってくれたりもしました。現在も私の大切な宝として書斎の本棚に飾られています。

学級日誌も担任によって様々な個性があり、定型（現代風に言えばテンプレート形式）の用紙を作る担任もいれば、真っ白なノートを与えて自由に書かせる担任もおりました。どちらにもそれなりにいいところがあり、他クラスの学級日誌に目を通すのも私たちの大きな楽しみでした。学級日誌には必ず担任たちが丁寧にコメントをつけて返すので、日直もかなり凝った内容の日誌を書くようになり、それがまた学級通信に紹介されたりすると、好循環でどんどん個性的な学級日誌に変貌していくのです。担任は基本的に授業中の子供たちの様子を知りませんから、学級日誌にメモされた様々なエピソードを読んでは、放課後の職員室で大笑いしている先生も少なくありませんでした。学級通信が担任からのメッセージだとすれば、学級日誌は子供たちからのメッセージだったのです。通信と日誌が双方向のコミュニケーション手段になっていたわけですね。絵日記や四コマ漫画で日誌を綴る生徒もいて、学級日誌は生徒の知られざる才能を発見する場でもありました。いずれにしても、学級通信や学級日誌のコメントにはある程度のまとまった時間が必要でしたから、多くの先生たちが夜遅くまで職員室に残って仕事をしている風景もよく見られたものです。部活動もやって、授業のプリントも作って、学級通信も書いて、学級日誌にもていねいに目を通して、さらに個人ノートをやっていたりすると、帰宅時間は毎晩十時を過ぎることは頻繁に起こりましたから、若いエネルギーがなせる業だったのかも知れません。家庭を持ち子供が生まれれば、当然のことながら帰宅時間にも制限が出てきますから、担任も時間を有効に使う工夫をしなければなりません。ですから大変な苦労を伴う作業ではありましたが、見返りも多かったのです。

そして時代は変わり、手紙の代わりにポケベルや携帯電話が取って代わり、学級通信や学級日誌にエネルギーを注ぐ先生の数は極端に少なくなってしまいました。私は、自分でやりたいことがたくさんあったので、学級通信はコンピューターのワープロソフトを使って短時間で仕上げるようにしていました。英語のプリント作りに多くの時間を割きたかったからです。二十数年前も今も、活字にかける情熱にはいささかの変化もありません。むしろ、年齢を重ねた今のほうが伝えたいメッセージがよりたくさんあるくらいです。私にも家庭がありますし、子供はいませんが部活動の顧問としての仕事量は他の先生の何倍も多かったと思いますから、私だけが特別に暇な時間を持っていたわけではないと思うのです。それでも、職員室で見かける学級通信の量は激減し、たまに教室の教卓の中に放り込まれたままの通信を読んでも、担任の熱い思いはあまり伝わっては来ません。文章の能力の問題ではなく、アイデア不足なのです。目をつけるポイントがあまりにも普通すぎてちっともおもしろくない。言い方を変えれば意外性がないのですね。学級日誌に至ってはもう目を覆いたくなるような悲惨な状況です。ほとんどの担任が、同僚の作った手軽な枠を利用していて、内容も出席者・欠席者・遅刻者・早退者・天気・授業内容・掃除の評価・日直の感想などと決まっており、用紙に記入する子供たちの文章も殴り書きのいい加減な内容です。担任のコメントも差し障りのない内容なので、それが刺激になって日誌が楽しく変化していくという現象も見られません。ひどいケースになると、用紙を綴じたファイルがばらばらにされて、それまでの記入済みのページが教室の床に散らばったままになっていることもありました。内容も全く陳腐で、先生たちのコメントもなくただはんこうが押してあるだけだったりして、ぞっとしてしまうこともありました。「こんなにいい加減な日誌なら、何もしないほうがずっといいのに」私は心の底から疑問に思ったものです。管理職や先輩教師も、後輩のそんなだらしなさを注意することは絶対にありませんから、状況が改善される見込みはまずないでしょう。学校教育の中で、やるべきことをいい加減なままで容認してしまうことほど恐ろしいことはありません。やがては、学校生活の全般についていい加減な態度が身に付いてしまうからです。先生がちょっとした工夫をすれば、いくらでもプラスに変化する物事が、なぜ今の学校ではマイナスのまま放置されてしまうのでしょうか。教科の補助プリントも毎年同じものを平気で使う先生が多く、改良の跡が見られないプリントは、教師の手抜きをアピールする結果となってしまいます。指導するべき立場の教師が手抜きをすれば、当然のことながらそれを見て育つ子供たちも手抜きの仕事をするようになりますから、学校は次第に活気を失っていきます。それでも、学校の教師の悪い癖で「自分のことを棚に上げる」のが得意ですから、子供たちの手抜きにはやたらと厳しい先生が多いのです。これでは生徒と先生の間の信頼関係が育つはずもありませんね。

子供たちは案外厳しい評価を下すもので、いい加減な教師に対する不信感は確実に大きくなり、やがては後輩に語り継がれるようになるのですから、恐ろしいものです。信頼を築くのには多くの時間がかかりますが、信頼を失うのは一瞬です。子供たちの表面上の笑顔にだまされて油断していると、気がついたときには自分の言葉が全く浸透しない「学級崩壊」「授業崩壊」の状態に悩まされることになるのは確実です。そのときになって後悔してももう手遅れです。もう一度悪い評判をリセットしようと転勤希望を出しても、塾や部活動を通じて子供たちの情報交換は確実に行われますから、いったん失った信用を取り戻すには気の遠くなるような時間と、必死の覚悟が必要になるのです。

「苦あれば楽あり、楽あれば苦あり」という日本語の格言は、英語では〝No pains, no gains.〟と表現されます。「痛みがなければ得るものもない」という意味です。今目の前の小さな苦労の積み重ねを選ぶか、数年後のとてつもなく大きな苦労を選ぶか、それはその先生の姿勢次第です。

個人ノートも大変な作業ではありますが、なかなか面と向かっては会話をすることが苦手な生徒にとっては、個人ノートの存在は天の救いとも言えるほど意味の大きなものなのです。ノートを通じて担任との対話をする中で、やがては直接会話をする勇気も湧いてくるかも知れないではありませんか。「個人ノートは返事を書くのが大変で……」と実施するのを躊躇する先生がほとんどのようですが、どんなに短い返事であっても、それはその生徒の文章（＝心の言葉）をしっかり読んだという証ですから、子供たちがそれを理由に個人ノートに興味をなくしてしまうことなど決してありません。それでも担任の苦労は小さくはないかも知れませんが、普段の学校生活の中ではなかなか口にできないような家庭生活の悩みやトラブルも、ノートに文字を綴ることで意外と簡単に相談することができる場合もあります。社会問題になるようないじめの事件が報道されると、学校側は決まっていじめの存在を認知することができなかったという言い訳をしますが、個人ノートなどを丹念に実施していれば、どんなに小さないじめもキャッチできないことはないのですから、全ては学校側の怠慢としか言えないでしょう。手抜きはやがては確実に自分に返ってくるのです。

無視される弱い立場の子供たち

学校の教師は世間知らずだとよく言われてきましたが、世間知らずだからこそいつまでも若い正義感を持ち続けることができるという長所もありました。ところが、この傾向にもここ数年で大きな翳りが見え始めたのです。以前なら、いじめや不登校に対する取り組みは非常に真剣でした。ごく一部の鈍感な先生はその対応の鈍さを周囲の同僚たちから厳しく指摘されたものです。しかし、現在の学校にはいじめや不登校について、真剣に腹を立てる先生が驚くほど少なくなってしまいました。その理由を特定することはなかなか難しいようです。教職員の高齢化も理由の一つなのかも知れませんが、年をとったら教師としてのエネルギーをなくしてしまうのではあまりに情けないではありませんか。テレビのコマーシャルで鉄棒の大車輪をやっているご老人はもうすぐ六十九歳になるそうです。

不登校の生徒の机の中をのぞくと、担任の先生のその子に対する思いがよくわかります。プリント類が何日分も乱雑に詰め込まれているような状態は、見るも無惨なものです。私は英語の授業中に、生徒たちがプリントの問題に取り組んでいる時間を見計らって、そっとプリント類を整理するようにしているのですが、クラスの子供たちはそういう教師の細かな行動をしっかりと観察しているものなので、私の行動が下手をするとクラスの担任への生徒の不信感を助長してしまう結果にもなりかねません。それでも、手を出さずにはいられないほどひどい状況が複数のクラスで見られます。配慮の細かな先生は、定期的にプリントをまとめて不登校の生徒の自宅を訪ねるようにしていますが、そのような行動も担任裁量に任されていて、学校としての確固たる方針になることがないのが残念です。これは管理職の怠慢とばかりは言えないでしょう。先生たちの正義感が薄らいでしまっているのが一番非難されるべき点だと思いますし、上から言われなければ動けないような人間が、学校という限られた世界の中で、偉そうに教師面をしていてはいけません。

実は、私の弟の娘は中学校に入ってからすぐに不登校の状態に陥ってしまいました。どうやら原因は部活動での人間関係にあったようですが、姪っ子は中学三年生の卒業間際になるまで、教師をしている叔父の私にもそのことを打ち明けてはくれませんでした。彼女に対する三人の担任たちの対応はまさにお粗末としか言いようがなく、同じ教員としてどれほど腹の立つ情けない思いをさせられたか知れません。それでも、私は弟夫婦の立場を考慮して、姪っ子の中学校に怒鳴り込むことだけは控えておりました。しかし、彼女の三年時の担任の配慮のなさだけは、どうしても許すことができず、私の恩師でもある私の学校の校長を通じて、姪っ子の学校の校長に注意をしてもらいました。翌日から担任の態度は手の平を返したように一変してしまったということでしたが、なぜ電話一本でそのように態度をころころと変えることができるのか私には到底理解できませんでした。彼には教師としてのプライドというものがなかったのでしょうか。

弟夫婦は三年間大変苦しい思いを強いられました。私の弟は建設業界で仕事をしているのですが、不景気のあおりを受けて、仕事でもかなりの無理をしておりましたので、彼らの精神的な苦痛は私の想像をはるかに絶するものだったことでしょう。私にできるのは、義理の妹の話に耳を傾けてあげることだけでしたが、時には受話器の向こう側で彼女がむせび泣いてしまって何の会話もできなかったこともあります。私は弟夫婦のためならどんなことでもする覚悟でいましたが、苦しむ彼らを見ていて、その苦しみをすぐにでも取り除いてあげることができない自分の情けなさが本当にいやになるほどでした。温厚な弟の取り乱す姿も生まれて初めて見ることになり、私は不登校の子を持つ親がいかに苦しい思いを経験するものかということを、改めて思い知らされたのです。見事に希望の高校に合格して、夢に描いた演劇部で生き生きと活動している姪っ子は、あれだけ悩んでいたアトピー性皮膚炎もすっかり良くなり、弟夫婦の苦難の日々は幸いにも三年間だけで終わりを告げたのです。しかし、彼らは来年中学生になる甥っ子を、公立の中学に預ける気持ちにはどうしてもなれずにいるようです。私には彼らの気持ちが痛いほどよくわかります。内部にいた私でさえ、公立中学の先生たちには愛想を尽かしたほどなのですから。

いじめや不登校を経験する子供たちには、SOSを発していた時期が必ずあるはずなのですが、悲しいことに学校の教師を含め、多くの大人たちがその信号を見落としてしまいがちです。そして、実際にいじめが深刻化し不登校が始まる頃には、子供たちは固く口を閉ざしてその原因を語ることをやめてしまうのです。大人たちには何もできないことを本能的に悟ってしまうからなのでしょう。学校の教師はそういう場合にどんな考え方をするかを知ったら、世間の人々はきっと驚くに違いありません。もちろん全ての教師がそのような非情な人間であるとは限りませんが、多くの先生たちの口からはこんなせりふが飛び出すことが多いのです。「いじめられる側にもそれなりの原因があるんだよね」「親が親だから子供が不登校になるのも仕方ないんじゃないの」「学校には来れなくても、普段は外で遊んでいたりするんだから、真剣になるのがばかばかしくなるよ」「本人の性格が直らない限り、いじめがなくなることはないよね」……信じられますか？　やはり学校の先生たちは、弱い立場を理解できないエリート集団なのでしょうか。私から見ると、一流企業に就職し損ねた二流の人間が、仕方なく安定を求めて集まった集団としか思えない場面が多いのですが、まあそんな言い方をしたら言い過ぎかも知れません。

学校の教師は口先だけは達者ですから、いかにもすばらしい道徳論を唱えます。「人間は十人十色なんだから、他人の個性を尊重できるようにならなければいけない」「人生は勝者よりも敗者のほうが多いのだから、弱い立場の人間を思いやれる優しさを持たなければいけない」そんな具合です。もちろん、自分たちはその言葉を全く実行できていないことにはちっとも気づいていないのです。でも子供たちは鋭い感性を持っていますから、先生の言葉が行動に裏付けられた真実の言葉であるかどうかはすぐに見抜かれてしまいます。でも中には純粋な心を持ち続け、先生の言葉を全面的に信用してくれる子供たちもいるのです。そういう純真な子供たちを前にして、学校の教師は決して偽善者に成り下がってはいけないと思います。教師といえども人間ですから、言ったことの全てが実行に移せるとは限りませんが、それならば「先生も未熟で実行に移せないことがまだまだ多いけれど、みんなと一緒に一生懸命努力するからね」と正直に言えばいいのです。そして、その言葉の通り一生懸命努力するのです。先生が完璧な存在でないからという理由で先生に不信感を持つ子供など決しておりません。むしろ、自分の情けなさを正直に告白した上で、自分が努力する姿をそのまま見せてくれる先生は生徒から絶大な信頼を勝ち取ることができるでしょう。子供たちは実に寛大なのです。

勉強ができない生徒たちも、教師が本当に温かい目で見守ってあげることさえ忘れなければ、決して学習から逃げてしまうことはないでしょう。努力の結果はすぐには目に見えてこないかも知れませんが、教師が生徒と共に歩む姿勢こそ、何にもまして大切なことなのではないかと思います。この点に関しては一生懸命に努力をしている先生たちも少なくはありません。部活動の朝練がない日の朝の時間を使って、自分の教科を不得意とする生徒たちに補習授業を行っている先生もいますし、放課後の空いた時間を使って生徒の質問にていねいに答えている先生もいます。レベルに合わせて、数種類のプリント教材を用意する先生もいます。ただ残念なことに、そういう良心的な先生たちは、今の時代では圧倒的な少数派なのです。多くの教師は自分たちの未熟さを棚上げして努力を怠るのが常で、そのつけを払ってくれているのが熱心な塾の先生たちです。学校の教師は塾の先生を目の敵のように見ていますが、それは大きな間違いで、菓子折を持ってお礼に言ってもいいくらい普段からお世話になっているのが現状なのです。私はもともと塾の先生として教員生活をスタートさせ、現在は再び大手進学塾の講師として働いておりますので、その辺の事情は他のどんな先生よりも詳しく知っています。学校の先生たちはもっと謙虚になって努力を始めなければなりませんね。

テストの点数が悪い生徒は、職員室では格好の餌食です。「まったく自覚が足りないからこんな点数しか取れないのよね」「脳みそが足りないからいくら努力しても無駄なんだよな」「こっちが真剣に授業をしているのにまったくふざけた連中だよ」これ以上はやめておきましょう。しかし、私が見る限り、先生たちの作るテスト問題のレベルの低さは大変なものです。英語のテスト問題などを見ても、初歩的なミスがあちこちにあり、いったい大学で何を勉強してきたのかと問いつめたくなることもありました。問題用紙のレイアウトも多くの場合乱雑でセンスがなく、回答欄の作成ミスも頻繁です。また、片手間で採点をしているものですから、採点ミスも信じられないくらい多いのです。そんな先生たちが、勉強の苦手な子供たちのことを「脳たりん」などと言えるでしょうか。自分たちの方がよほど脳たりんなのに。教師の学力不足が社会問題として取り上げられていますが、残念なことにそれは事実です。というよりも、実情は世間で報道されている以上に悲惨だと言うことを知っておいて下さい。

厳しい言い方になるかも知れませんが、弱い立場の子供たちのために頑張ることもできず、また自分の努力不足も自覚できないような先生は、社会からもっともっと批判されるべきです。その批判の中で生き残った先生たちだけが、教壇に立ち続ければいいのではないでしょうか。学校の教師を夢見る若い世代は空席待ちの状態です。「可もなく不可もない」教師でいることに満足しているような先生たちは、私のように早く退職すべきです。

第3章

新しい教育を目指して

自己管理ができない駄目先生だったけれど……

私の二十二年間と三カ月の教員生活は、決してスムーズなものではありませんでした。何にでも全力投球するのは私の長所でもありますが、同時に体力の限界を超えても自分のペースを調整できないので短所でもありました。ですから、「うつ病」「自律神経失調症」と診断されて、療養休暇をとったことが何回もあります。最初の学校で一カ月間、次の学校で二カ月間、三校目で合計十カ月間です。自分でも情けない限りでしたし、「人一倍頑張っても、結局療養休暇をとることになれば、まあごわさんでゼロだね」などとあからさまに同僚から皮肉を言われたこともあります。それでも、私は常に全力投球の人生から抜け出すことはありませんでした。最後の学校では、無理をしすぎて運転中にほんの数秒間気を失い、電信柱に激突する事故も起こしてしまい、救急車で病院に運ばれ、CTスキャンからMRI、脳髄液検査まで徹底的にしてもらったこともあります。普通の教員生活を送っていれば、私の数次にわたる療養休暇も存在しなかったのは確かだと思いますが、私は自分がサラリーマン教師になることを許すことは決してできませんでした。でも、結局はそんな私の正義感や使命感が同僚たちに迷惑をかけることになってしまったのですから、私は自己管理のできない自分の欠点を十分に反省しなければなりません。二校目に勤務しているときには、部活動に熱中するあまり、家庭を振り返ることもせず、離婚も経験しています。前妻にとっては、私の自己管理能力のなさはただただ頼りなく映ったに違いありません。

しかし、駄目先生生活は、私に思わぬ副産物を与えてくれました。それは神様からのプレゼントだったかも知れません。つまり家庭が崩壊しかけた子供たちの寂しい心を手に取るように感じることができるようになったり、自分の弱さに負けてうちひしがれている生徒に心からの励ましの言葉をかけてあげられたりするようになったからです。「先生の人生なんて、君の人生よりよっぽどだらしないものだったよ。それでもこうして仕事が務まっているんだから、君が自信をなくす必要なんて全然ないと思うんだけど、どう?」子供たちにとっては、学校の先生とは挫折を知らない優等生というイメージでしょうから、私の話を聞いた生徒たちは、本当に安心したような表情を見せてくれました。自分の駄目先生ぶりも子供たちに勇気を与えることができるのなら、あながち無駄ではなかったかなと、一人で苦笑したものです。

私の病名は前述したように「うつ病」「自律神経失調症」です。この病名を堂々と名乗ることができる人は、有名な作家のどくとるマンボウ氏と私くらいかも知れません。医療先進国のアメリカでは風邪と同様に扱われているこの病気も、日本ではまるで「精神的な致命傷」のような先入観をもってとらえられてしまうのです。ある学校長が、不登校の子供たちのことを「心の病気」と全校朝会で発言したときには、壇上に駆け上って引きずりおろしてやりたい気持ちになったこともありました。何も知らないくせに、簡単にそんな言葉を使って欲しくなかったからです。

現実には、この病気で密かに病院通いをする教職員の数は驚くほど多いそうです。特に管理職に多いと聞きました。ある精神科の医師は、自信をすっかりなくして診察室に入った私に向かって、優しい笑顔でこう言ってくれました。「ここに来る人たちは、みんなまじめに生きている人たちなんです。自分のことを一生懸命責めてしまうまじめな人たちがこの病気で苦しんでいるのを見て、私はとても悲しい気持ちになるんですよ」その医師の言葉に私がどれだけ励まされたか想像がつくでしょうか。初めて「うつ病」と診断された人は、自分自身に対してすっかり自信をなくしてしまうものです。でも、この病気はそういう生真面目さが原因で引き起こされるものなので、自信をなくす必要など全くないのです。脳の細胞間は電気パルスで刺激を伝達し合っているのですが、そのシナプス間の通信を阻害する物質が脳内に増えてしまうのがこの病気の原因なので、その物質を中和する薬を服用すれば、病気はどんどん良くなってくれます。再発性の強い病気ではありますが、病気とのつきあい方をしっかりと心得さえすれば、どうということはない病気なのです。むしろ風邪のほうがよほど怖い病気かも知れません。「うつ病」になりやすい性格の人は、限界を超えた仕事をやりすぎないことと、睡眠時間を十分にとることさえ心がけていればこの病気に悩まされることもないでしょう。特にA型とO型のまじめな性格の人は、「うつ病」にかかりやすいようですが、それは自分が正直に人生を生きている証拠でもあり、また自分自身に対して厳しい生き方をしている証でもあるわけですから、「まあいいか」と楽観的に考えれば、何も悩む必要はありません。だめなのは、「うつ病」になるのは自分が弱いからだと思い詰めることです。自分の限界まで挑戦する強さのない人は決してこの病気にかかることはないのですから、そういう意味では自分に自信を持ってもいいくらいなのです。

私は、自分の欠点を人前で話すことにいささかのためらいも感じることはありません。なぜなら、私には欠点も多い代わりに、他人には決して真似のできない才能もたくさんあることを知っているからです。自分の長所をしっかりと見極めることさえできれば、自分の欠点など全く気にならなくなるばかりか、チャンスさえあれば少しでも欠点を少なくしようとする前向きな気持ちを持つ余裕すらできるようになります。私はそのことを子供たちに強く伝えたいと思ってきました。欠点のない人間がいないのと同じように長所のない人間もいないのだということを。

エリート先生でない私だからこそ、こういう話を説得力のある話し方で子供たちに語ることができたのでしょう。だからといって、子供たちが私を馬鹿にすることは決してありませんでした。むしろ、私への信頼を深めてくれて、私に様々な相談を持ちかけるようになってくれた子供たちは大勢いますし、卒業してからも連絡をくれる生徒たちも同じように大勢います。そんな卒業生の中には、昨夏のアテネオリンピックの日本代表選手もいるのですから、私の存在も捨てたものではありませんよね。社会に出てから一生懸命頑張っている彼らの姿は、私にとっては大きな励みでもありました。テレビに映し出される生徒の姿を見て、昨夏も私はたくさんの勇気をもらっています。私の身近にいた他校の生徒も、アテネオリンピックの別の競技の日本代表選手です。駄目先生の私にも、こんなに大勢の宝物がいるのです。私は彼らの存在をこれからも大切にしていきたいと思います。

競争原理の排除と新評価システムの導入

近代オリンピックの父であるフランス人のピエール・ド・クーベルタン男爵が引用したものとして有名になった「オリンピックは参加することに意義がある」という言葉は、当時のあからさまな反米意識をいさめるためになされたものなのですが、長い時間を経過する中で、日本では「結果はどうでもいい」という考え方へと次第に誤解されてきたようです。公立学校でもテスト結果の順位を貼り出したり個人に通知したりすることは次第に避けられるようになり、運動会や体育祭でも単純に足の速さを競う競走種目が徐々に姿を消し、障害物競走などのイベント的種目が取って代わるようになりました。その結果、成績がいい子や足の速い子は、自分の能力をできるだけ隠すようになり、「ライバル」という言葉も子供たちの世界から次第に消えていくことになります。しかし、そういった傾向が子供たちにプラスの効果をもたらしたかと言えば、必ずしもそうとは言えないのではないでしょうか。学期末に通知票をもらうと、現代っ子たちは堂々とお互いに見せ合って、「１がある、５がある」とまるでゲームの結果のように屈託がありません。「屈託がない」

と言えば聞こえはいいのですが、それは同時に高い目標を持って、それに向かって一生懸命努力する姿勢をも子供たちから奪う結果となりました。人間にはもともと闘争本能があり、その本能をプラスに利用することで、仲間同士が切磋琢磨する理想的な状況が生まれるのだと思うのですが、「受験競争」の加熱がそのような競争原理の有効活用まで阻止する結果を招いてしまったのです。

しかし、世の中を見てみて下さい。オリンピックではメダルの色や数をしきりに気にするのが人の常ですし、「グッドルーザー」よりも「バッドウィナー」のほうが結局ははやし立てられるのが現状です。つまり過程を重視しない「結果オーライ」の発想です。学校では「結果は気にするな」と教えられても、世間に出れば「結果が全てだ」と言われるのですから、現代っ子たちが何を信じていいのかわからなくなるのも無理はないでしょう。

私自身は、競争原理を復活させて「いい結果が出せるように一生懸命頑張りなさい」と子供たちには伝えたいと思っています。部活動などでもそうなのですが、中途半端な取り組みをしている部活動ほど結果の良し悪しにこだわるもので、やれるだけのことはやったと言い切れる部活動は、最後の敗戦も素直に受け入れることができるものです。いい結果を目指して一生懸命努力することが、結果的には努力の過程を大切にする人間を育てるのですから皮肉なものですね。

そのような時代背景も手伝って、公立学校の評価方法も「相対評価」から「観点別評価」を基本にした「絶対評価」へと変わっていったのです。「相対評価」には矛盾した点がたくさんありましたが、特に問題視されていたのは、1～5までの評価をもらう生徒の人数が決まっていたことです。それは次のような具合です。

相対評価人数配分

1…7％　2…24％　3…38％
4…24％　5…7％

具体的な例を挙げれば、学年全体の人数が百二十人だったとすると、成績の5がもらえる人数は八人、4が二九人、3が四六人、2が二九人、そして1が八人ということになります。生徒たちがどんなに頑張っても、必ず八人の生徒には1をつけなければなりません。

すると、まず1の候補に挙がるのが不登校の子供たちです。次がどうしてもテストで0点近い得点しかとれない子供ということになりますが、ここで大きな問題が発生します。つまりボーダーと呼ばれる各成績間のぎりぎりラインに位置する子たちをどのように上と下に振り分けるかという問題です。成績をつけるための資料が十分に整っていれば、そのうちのどれかの資料を基準にして振り分けは客観的に行われるのですが、用意した資料では差がつけられないときには、授業態度などの非客観的な要素が成績を決める決定的な要因にならざるを得ません。つまりA・Bという二人の生徒の内のどちらか一人が5をもらえるという場合には、それが高校入試の正式な資料になる学年末の（中学三年生の場合は二学期末の）成績でなければ二人とも5にする柔軟性が認められているのですが、学年成績をつける際には決して一人の人数の狂いも許されませんから、何とかして決着をつけることになります。そして多くの場合は先生受けのいい生徒のほうが5をもらうことになるのです。Bという生徒が普段から比較的反抗的な生徒であった場合には、ほぼ確実にBという生徒に4がつけられます。もちろん、公平な先生たちはそういう非客観的な成績の付け方を避けるために、普段からできるだけ多くの資料を用意するよう努力しているのですが、ほとんどの先生は忙しさに紛れて資料作りが不十分になりがちです。そもそも1〜5までの成績に人数の割合が決められているからいけないわけで、各成績の人数制限がない「絶対評価」が導入されたことは非常に歓迎すべきことでした。ところが世の中には万能薬がない例に漏れず、その「絶対評価」にもいくつかの問題点が浮上してきています。

その前に「絶対評価」の基本となる「観点別評価」について少し説明しておきましょう。例えば中学校の教科の場合は、国語に五観点でそれ以外の八教科に四観点が割り振られています。私の教えていた英語を例にとると、四つの観点（学習や評価のポイントとなる項目）は次のように決められています。

①コミュニケーションへの関心・意欲・態度
②表現の能力（話す力・書く力）
③理解の能力（聞く力・読む力）
④言語や文化についての知識・理解

この四つの観点についてそれぞれA・B・Cの三段階評価がつけられるのです。そのために普段からきめ細かな筆記テスト・実技テスト・レポート提出などが実施されます。その評価にも人数配分は決められていませんから教科担当の先生が適切な基準を決めて評価を決めるわけです。そして全ての観点の評価を総合して最終的な1〜5までの成績がつけられることになります。その場合にも、もちろん各成績の人数配分は決められていませんから、教科担当の先生が適切な基準を設けるわけです。総合成績の出し方には二種類あって、各観点のA・B・Cを5点・3点・1点という得点に換算し、その合計点によって1〜5までの成績をつける方法と、各観点の成績とは別に全ての資料の合計点を資料として総合成績をつける場合とがありますが、どちらがより客観的な方法かは議論が分かれるところです。

少し難しい話になってしまいましたが、この「絶対評価」の導入によって、前述したように新たな問題が浮上してきました。つまり教科担当の先生によって基準の設け方が甘かったり厳しかったりすることです。また学校によっても基準の設け方に大きな違いがあるため、絶対評価によってつけられた成績を高校入試の資料として使うことは非常に難しくなってしまいました。実際、平成十五年度の神奈川県高校入試の場合は、絶対評価の矛盾を承知の上で各学校から提出された成績をそのまま合否の判定に利用したものですから、甘い基準を設けて成績を出した学校の生徒たちが得をする結果になってしまいました。従って、当然のことながら「絶対評価」が高校入試の資料として使われなくなるのは時間の問題でしょう。かといって、文科省としては再び「相対評価」を導入するのは避けたいでしょうし、このままでは高校入試は入試一発勝負にならざるを得ません。神奈川県では以前「アチーブメント・テスト」と呼ばれる県下統一テストを中学二年生の終わりに実施して、その結果も高校入試の資料として重要視するという特異な制度を設け、全国から注目されていましたが、それは受験競争の低学年化を助長するだけだということで、現在ではほぼ廃止の方向に向かっています。しかし、絶対評価に信頼性が欠けるとなれば、高校入試一発勝負を避けるための最後の方法は、東京都の私立学校が大胆に導入した統一テストを実施することです。それは神奈川県の「ア・テスト」や「大学センター試験」と同じ発想の試験になりますが、子供たちを入試一発勝負のストレスから解放するためには有効な対策でしょう。

各中学校の担任が作成する「内申書」（成績を含めた生徒の学校生活の総合記録）に重点を置くのは大変危険です。なぜなら、「内申書」には生徒にとって不利な情報が書かれることはまずありませんし、内容の信憑性もさほど高くはないからです。しかも、担任の文章能力によってその子の印象は全く違ってしまうという現実もあります。わかりやすい例を挙げれば、あるまじめな生徒がいて普段から地味な活動に熱心に取り組んでいるのですが、積極性に欠けるため目に見えるような客観的な実績を特にあげていないとしましょう。するとA先生とB先生では内申書に書く内容が次のように違ってきます。

《A先生の場合》とてもまじめな生徒でふだんから何事にも誠意を持って取り組んだ。

《B先生の場合》人前で目立つことは苦手だが、清掃活動や学級の係活動など地味な仕事にも誠意を持って取り組み、そのまじめな姿勢はクラスの仲間からも高い評価と信頼を受けた。自分の役目に対する責任感も非常に強い。

いかがですか？　皆さんが高校の先生だったとしたら、文章表現の巧みなB先生の方を高く評価するのではありませんか？　このように担任の文章力で生徒の評価が決まってしまうのはあまりにも不公平なので、「内申書」にはできるだけ具体的な事実のみ記載するよう県教委から指導がきています。しかし、具体的な事実の書き方にさえ文章力やレイアウトの感性が大きく影響することは間違いありません。「内申書」は手書きでやるものとされていた時代には、担任の字の美しさが大きな要素になったことさえあるのです。現在ではワープロによる記入が許可されていますが、これでほっとした担任の先生はどれほど大勢いることでしょう。

ところが問題は他にもあるのです。つまり学校の教師が「観点別評価」のための資料作りにどれだけ努力するかという問題です。文科省が作成する学習指導要領に記載された各教科の観点に勝手に比重を与えてしまって、独善的な資料を作る先生がいても、それを監査する組織は学校内にはどこにもありません。基本的に学校という場所は、お互いの批判を避けるのが常ですから、評価制度を前向きに改革しようとしても、多くの職員の反発を食らうのは目に見えているのです。基本的には面倒くさいことはやりたくないというのが教員体質ですから。また、逆に教科担当が張り切りすぎて細かな資料作りに精出すことは、子供たちをテスト漬けにする結果にもなりかねません。私は、授業中の生徒の発言まで細かく記録していましたが、それをそのまま評価の資料にしたら、まじめに授業に取り組んでいても、人前で積極的に発言する勇気のない生徒はマイナス評価されてしまうことになります。積極的に発言しないからと言って、その生徒の学習内容が劣ることには決してならないと考えるのが公平ではないでしょうか。ですから、私は発言点や自主的なレポート提出点は満点に上乗せする「プラスα点」として処理しました。そうすれば積極的に授業に参加した生徒も好成績をとることができますし、消極的だった生徒もマイナス評価を受けることがないのです。手を挙げなくても満点を取ることが可能だからです。私にできる工夫はそれが精一杯でした。ただ、私がメモをする手の動きを見ながら、積極的に発言しようと無理をする生徒たちの姿を見ていて、私の中には言いようのない罪悪感が生まれていたのも確かです。

私は、自分の力でコンピューターの評価システムを開発していましたから、どんな小さな資料でも、その結果を入力するたびに、瞬時にして観点別評価のA・B・C成績と、総合成績の五段階評定を見ることができました。それを見ながら、適切な評価基準を決めたり資料の補正をしたりすることもできました。しかし、他の先生たちは市販のソフトを使っていたり、コンピューターの操作ができなかったりしたので、「絶対評価」の導入によってとんでもない苦労を強いられているようでした。苦労を強いられるということは、どこかで手を抜きたい衝動にかられるということで、絶対評価のシステムの現状はこの本にも書くことは控えたいと思います。

競争原理を排除した学校の中で、子供たちは他と競い合って自分を磨く習慣を身につける機会を失い、「絶対評価」の導入で子供たちは普段「いい子ぶる」ことを覚え、先生たちは評価の資料作りに七転八倒する大忙しの状態に追い込まれ、子供たちの様子を観察するゆとりなど全くありません。その上で学校行事やら部活指導などに腐心しなければならないのですから、今の公立学校が大変な混乱にあることは想像に難くないでしょう。

「総合的な学習の時間」が混乱を招く

新しい教育改革の柱の一つとなった「総合学習」の導入は、考え方としては非常に革新的なものだと思います。各教科の知識を断片的に学習するだけではなく、教科の壁を取り払って、各教科で学習した内容を総合的に活用しながら問題解決にあたるという発想は、学習の形態としては非常に高度で、「考える力」を鍛える絶好の機会となることでしょう。しかしながら、学校週休二日制の完全実施に伴って授業数の確保が難しくなったところへ、更に新しい教科としての「総合学習」の導入ですから、当然のことながら授業数が減らされた教科があるわけです。小学校では、総合学習の一環として広島・長崎の被爆問題を扱う学校も多いようですが、その学習自体はとても意義のある重要なことであることは誰も否定しないとしても、本来身につけて来るべき基礎学力の不足は、総合学習の授業の導入によってもたらされてしまったのではないかと考える先生は多いと思います。私もそういう意見の持ち主の一人で、小学校時代は古い言い方をすれば「読み書き算術」の基本を徹底的に学ぶことが最優先事項なのではないでしょうか。国語力がなければいろいろな調査をしても資料を十分に理解したり分析したりすることもできませんし、算数の学習が不足すれば理論的な思考能力が十分に育つことも期待できないのではないでしょうか。世間では、小中学生の学力低下の問題が声高に指摘されていますが、それは小学校時代に身につけるべき基礎学力の不徹底が大きな原因だと思うのです。特に、国語力の衰退は明らかで、文語（書き言葉）と口語（話し言葉）の区別もできなければ、丁寧語や謙譲語を正確に使うこともできないまま中学校の学習に入ることになるわけですから、十分な学習効果を期待するほうが無理だと言えるでしょう。

「生涯学習」という言葉が社会に定着してもう何年もたちますが、社会人になってからも必要に応じた学習を自主的に始める力は確かに重要だと思います。「総合的学習の時間」はその訓練をするためのいい機会であることは確かなのですが、一週間に二八コマの授業をこなす現在の公立中学では、例えば次のような時間割を組むことになります。

月曜日…普通授業五時間
火曜日…道徳＋普通授業五時間

水曜日…学活＋普通授業五時間
木曜日…総合学習二時間
＋普通授業四時間
金曜日…普通授業五時間

総合学習の時間は一日がかりで校外活動をする必要がある場合も出てきますから、そういうときには「まとめ取り」と称して三週間分の総合学習の時間を一日にまとめて六時間取る方法が実施されています。年間の授業週は三五週ですから、総合学習の授業は三五×二＝七〇時間実施することになっており、それを計画的に位置づけることは、多忙な学校生活の中では非常に難しい問題です。子供たちは常に何かの研究に取り組み、レポートを書き、講演会の感想文とお礼状を書き、校外の施設を計画訪問する生活に追われることになります。しかもこれは総合学習だけのスケジュールですから、前述したような観点別評価と絶対評価が導入された各教科の課題をその上にこなす生活は、どれほど多忙を極めるか想像すればわかるのではないでしょうか。みなさんはそれでも今の時代にもう一度中学時代を経験してみたいと思いますか？

二泊三日で実施される修学旅行は、友情を深め楽しい思い出作りができる心ときめく行事であったはずなのですが、現在では総合学習の一環に組み入れられる場合が多いため、お寺の研究とか伝統文化の研究など、研究旅行の色彩が強くなっています。しかも、大部屋を有する旅館の代わりに、一〜三人の個室を主体としたビジネスホテルの利用が主流になってきたため、夜中にこっそりと怪談をしながらみんなで楽しむこともできませんし、クラスの全員で大風呂につかることもなくなってしまいました。確かにビジネスホテルの食事は豪華かも知れませんが、私が中学生だったらこんな修学旅行には進んで行きたいとは思わないでしょう。「京都はすてきな街だなあ」「奈良はさすがに日本の文化を感じるなあ」「奈良公園の鹿は本当にかわいかった」「東大寺の大仏の大きさにはびっくりした」「自分もいつか恋人と鴨川の縁を歩きたいなあ」「今度はゆっくりと紅葉で真っ赤に染まった京都にぜひ来てみたいなあ」「宇治平等院鳳凰堂は本当に十円玉の表の図案とそっくりだった」「宇治橋を渡りながら食べた抹茶アイスの味が忘れられない」「竜安寺の石庭を見ながらぼうっとしていたら本当に心が癒された」「大原三千院の境内を歩いているとマイナスイオンが目に見えるようで本当に気持ちよかった」「円山公園の坂本龍馬と中岡慎太郎の銅像は立派だったなあ」「清水坂に漂っていたお香の香りが忘れられない」……。

そんな感想を一つでも抱くことができたら十分だとは思いませんか？　大人になったらまたゆっくりと来てみたいと思うことができたらそれで十分だとは思わないでしょうか。私は個人的な旅行も含めてもう二十回近くも京都に旅していますが、何度行っても京都の新しい魅力を発見することができ、私と妻にとっては京都は二つめの古里のような親近感のある街なのです。「新撰組はこの街中を走り回ったのか」とか「この二条城で大政奉還が行われたんだなあ」などという感慨は、大人になってからでも十分に味わえるもので、それを無理矢理中学校の総合学習として感じさせる必要があるのかどうか、私には疑問でなりません。

授業数の確保がとにかく最優先事項ですから、体育祭も文化祭も規模を縮小し、少なからぬ学校では文化祭は廃止されています。遠足は総合学習の一環となり、キャンプも「宿泊研修」と名を変えて総合学習の一部として位置づけられるようになりました。このような学校で、何が楽しいのでしょう。行事は気分転換のためのものであってはいけないのでしょうか。遠足やキャンプや修学旅行は友達作りの絶好の機会であるだけでは不十分なのでしょうか。

総合学習という理念は非常に立派であっても、そのために中学校生活が学習、学習の連続になってしまったら、勉強の苦手な子供たちには生きる場所がなくなってしまいかねません。「義務教育」の場なのですから、必要最低限の学習ができればそれで十分で、それ以上の高度な学習は選択科目として履修するのが一番理想的なのではないかと私は考えています。大学進学を希望せず、高校を出たらすぐ就職したいと考えている生徒は、コンピューターの操作技術を学習できる「情報」の時間を履修すればいいし、将来工場で働きたいと考えている生徒は、技術科の「木工・金工」の授業を履修すればいいのです。将来本格的にスポーツに取り組みたい生徒は、授業の中で「体育理論」などを学習できてもいいのではないでしょうか。

ＩＴ化の時代だから誰もがコンピューターを使ったプレゼンテーションの技能を身につけなければならないと考えるのは、少々無理があるように思えます。私は、総合学習のコンピューター室担当をしていたことがありますが、生徒用のコンピューターからのインターネットの利用が禁止されているT市では、二時間の総合学習の授業が無駄に過ぎていくこともしばしばでした。また一方では遺伝子組み換え食物の研究をしている生徒もいたりして、大人数の一斉授業でなければ、個人のレベルに合わせた充実した時間が過ごせるのにもったいないなあとつくづくもどかしく感じたものです。

中学教育を思い切って大改革して、午前中は基本的な授業の履修に当て、午後は全て選択授業にしたらどんなにか活気のある学校になることでしょう。それは同時に、採用の少ない教員採用試験に真剣に挑戦している多くの若者たちに、大きなチャンスを与えることにもなるのです。選択授業を多く取り入れれば、教員数を増やさなければなりませんから、雇用対策にもなり、社会の不景気を好転させる一つの契機にもなるかも知れません。

また、英語の先生がこんなことを言ったら不謹慎かも知れませんが、日本人全員が英語を駆使できるようになる必要もないと思うのです。ですから、将来実用的な英語力が必要だと思う生徒は、午後の選択授業で外国人講師の英会話の授業を履修すれば、中学校を卒業する時点で日常会話ならある程度自由にこなせる子供たちも多く育つことでしょう。義務教育を高校入試への準備期間だと捉えることをやめれば簡単に実現する構想です。

世間知らずから来る価値観の狭さ

よく「学校の先生は世間知らずだ」と言われますが、確かにその通りだと思います。それは大学を卒業してすぐに教壇に立ち、その日から「先生」と呼ばれることになり、社会の厳しさや冷たさを経験することもなく、安定した地方公務員の立場を獲得してしまうからです。最近では、「企業派遣」という制度ができて、民間企業に研修に出る先生もちらほら出始めてはおりますが、その先生たちの経験が広く他の教員に知らされるということもあまりありません。私の親しい友人は、私営鉄道会社に派遣されて、ホームでの安全確認作業や改札の切符切りの経験をしましたが、彼にとっては脂の乗り切った時期の二年間を学校で過ごせなかったことは、マイナスの部分もあったように思えます。

いずれにせよ、私たち公立中学校の教師は世間で騒がれているような「サラリーマン教師」などでは決してありません。部活動の顧問になれば土日や祝祭日も練習や試合が入るので、夏休みさえほとんど取ることはできないのが現状でした。私は英語の教師ですが、研修のために海外旅行ができたのは最初の数年だけで、部活動の顧問として名が知れるようになってからは、海外旅行どころか国内旅行にも出かける余裕はありませんでした。そんな私たちが、「世間知らず」になってしまうのは無理もないことだと思います。もちろん、新聞や雑誌やテレビニュースなどは見ていますから、社会の事情に全く疎いわけではありませんし、例えば私の場合には政治経済や国際問題については、一般の人たちより詳しい情報をつかんでいたと思います。子供たちと接する仕事なので、流行の歌なども結構詳しく知っていました。

ただ、学校の教師のほとんどは、比較的スムーズに学生時代を過ごしてきている人が多いことと、教師になってからリスクのあるような仕事に果敢に挑戦することがあまりないことが災いして、価値観が非常に限られたものになりがちです。私は、職員室での同僚たちの会話を聞いていて、どうして誰もが同じ物差ししか持っていないのかいつも不思議でなりませんでした。基本的に日本人は議論をするのが苦手な国民ですが、学校の教師は特に同僚と違う意見を率直に言い合うことを避ける傾向にあるような気がします。ですから、職員室の中での生徒に関する情報交換は、まるで買い物途中の奥さん連中の「井戸端会議」の域を出ることが少なく、教師に対して反抗的な子供の評価はあっという間に固定されてしまうのです。

中学校の教科担任制の良さは、複数の教師がそれぞれの価値観で生徒を評価することができるところのはずなのですが、なぜその評価が均一化されてしまうのでしょう。一人の生徒が、全ての先生に対して反抗的であることはほとんどないはずなので、悪い評価を受けている生徒がいたら、誰かが「自分はそんなことはないと思うよ」と口を挟まなければ公平な職員室とは言えないでしょう。ところが、そのような「危険」を冒すことを避ける先生がどんどん増えているようです。私は自分の意見をはっきりと主張するほうですから、学年会議などをしていても、納得のいかない話があると喧嘩腰の議論になることもよくありました。もちろん、それは会議の場だけのことで、会議室から外に出れば仲のいい同僚に戻るのですが、やりこめられた先生は、その悔しさを想像以上に長く根に持つことも少なくはないのです。議論が感情的になってしまうから、誰もが言葉少なになってしまうのかも知れません。

しかし、事が子供の評価にかかわる場合には、そんなに簡単に話を合わせていいわけがありません。自分には見えない意外な面が、どの生徒にも必ずあるもので、そのために学年会議の終わりにはいつも生徒の情報交換をしているのです。ところが最近では、長い会議に疲れてしまって、一番大切な生徒の情報交換をさらっと終わらせてしまうことも多くなりました。これでは、一人の先生の偏った評価があたかもその生徒の正当な評価として承認されてしまうことにもなりかねません。

こんな言い方をしたらジェンダーフリーを唱える団体にお叱りを受けてしまうかも知れませんが、私の見聞きした限りにおいては、女の先生たちの特に女生徒に対する評価は非常に感情的で不正確です。そして男子生徒に対する評価も非常に甘く不正確です。多感な思春期を生きている中学生たちは、自分のことを棚に上げて大人の批判をするのが普通ですが、そういう子供たちの自然な成長過程を余裕を持って見守ることができない先生が増えてきているのではないでしょうか。「ティーチャーズペット」つまり「先生の言うことを何でもはいはいと聞く生徒」という意味の言葉がありますが、先生のほとんどはそんな従順な生徒にしかプラスの評価を与えられないような気がします。多感な思春期に従順であることは、実際には将来遅ればせの爆発をする危険性を秘めているということでもあり、中学時代に反抗的な生徒は、大人になってからたくましく生きてゆくパワーを秘めているということでもあるのです。そういう逆説的な評価もできないと、学校は異常な世界へと成り下がってしまうでしょう。実際、私の知っているいくつかの学校では、そのような現象が起きているのですから、比較的客観的なものの見方ができるベテランの男性教師たちがもっとしっかりと職員室内の雰囲気を仕切らなければ、子供たちがあまりにもかわいそうです。

これは学校の先生によくあることだと思いますが、生徒のことをやたらとマイナス評価する先生に限って、自分の欠点は棚上げしてしまって、自分自身も生徒たちからマイナス評価されていることに少しも気づかないものです。自分は子供たちから信頼されていると思いこんでいる先生がよくいますが、生徒側の評価はそんなに甘いものではありません。私も若い頃は生徒たちからよくやりこめられました。学級日誌に「先生なんかやめてしまえばいい」と書かれたこともありましたが、悔しかったのでその日誌はいつまでも捨てずにとっておきました。教師の評価が不正確なのと反比例するように、子供たちの教師に対する評価は比較的公平で正確です。ですから、学校の先生は子供たちの厳しい声に謙虚に耳を傾ける姿勢を大切にしなければいけません。人間は何歳になっても自分の心がけ次第でいくらでも変わることができるのですから、生徒からの厳しい評価を恐れる必要は全くないのです。むしろ、マイナス評価されているのに、自分が威圧的な存在であるために、子供たちが正直に評価を口にしないことのほうがよほど不幸なことだと思います。誤解のないように言っておきますが、教師は生徒の評判を常に気にして言動を慎むべきだということではなく、自分の主張は正直に伝える勇気を持ちながら、同時にそんな自分に対する子供たちの評価を謙虚に受け止める姿勢もなくしてはいけないと言いたいのです。

平和な学校に勤務する先生ほど、謙虚な姿勢をなくしがちです。子供が丁寧に職員室のドアをノックして先生に声をかけても、自分は全く席を立とうとはせず、その場から遠慮して廊下に立ったままの生徒に話しかける先生もいて、びっくりさせられることもあります。生徒を職員室の中に招き入れるか、自分が席を立って廊下に出て行くか、そのどちらかが常識的な先生としての行動ではないでしょうか。私は体罰事件で県教委から懲戒処分を受けたことがあるため、私のことをよく知らない同僚たちからは「暴力教師」という評価を受けていたようですが、私の目からすると私よりも他の多くの先生たちのほうが、よほど子供たちの人間としての尊厳を踏みにじっているように感じられる場面が実に多いのが現状です。孤立しがちでついつい職員室に避難してきてしまう生徒がいると、多くの先生たちは「用がないならさっさと教室に戻りなさい」などという冷たい対応をしてしまいます。どうしてもっと温かい会話をしてあげられないのでしょうか。「甘やかしていたらいつまでも仲間に認めてもらえないから」などともっともらしい説明をする先生もいますが、本音は対応するのが面倒くさいというところでしょう。私は高校時代に勉強がわからなくて教室にいるのが怖かった経験をいやというほど味わっていますから、居場所のない生徒たちに冷たい対応をする気には到底なれません。今は職員室が避難場所になっていたとしても自分の話を聞いてくれる先生がいることで、やがては自信が少しずつ芽生えてきて教室に戻れるようになるかも知れないではありませんか。学校の先生とは違って、子供たちはプラスに成長する可能性をふんだんに秘めているのですから、今は情けない状態にいる子供に対しても、丁寧で優しい対応をしてあげてこそ初めて「先生」という名前に値するのだと思います。子供たちの多くは、やがては私たち教師を超えていく存在です。子供だからといって馬鹿にしていると、自分が老いたときにとんでもないしっぺ返しを食らうことにもなりかねないことを覚悟しておくべきです。

確かに急速な教育改革が進む中で、教師の仕事は多忙を極めています。しかしながら、そんな価値観の一定しない時代だからこそ、学校の先生は忙しい生活を縫って見聞を広げる努力をすべきですし、様々な角度から子供たちを評価できる人間になる努力も怠ってはいけないでしょう。コインに裏表が必ずあるように、世の中の物事や人間には必ず表と裏があるのですから、少ない情報をもとにして性急な評価を下してはいけません。厳しさは優しさの裏返しであり、表面上の優しさは無関心の裏返しでもあります。「間違いは人間の常。それを許すは神の業」という有名な聖書の言葉の意味をよく噛みしめたいものです。

カタカナ英語の魔力にだまされて

日本を訪れる外国人が一番驚くことの一つが、英語の看板が異常に多いということだそうです。しかも、その看板の多くがでたらめ英語であることに更に驚くとか。私たちの日常会話の中にもカタカナ英語が非常に多く使われるようになりました。

「**アポ**を取ってから来て下さいね」「それぞれの部署が見事に**コラボレーション**を演じるのです」「なかなか**シビア**な意見ですね」「皆さん私たちの**パッション**を感じて下さい」「駅の**ペデストリアンデッキ**で会いましょう」「あの会社は**カスタマーサポート**が充実しているからね」「これが僕の**ポリシー**なんだよ」「もっと**コンシューマーベース**で物事を考えないと」

年配の日本人だといったい何のことかわからない場合も多いのではないでしょうか。カタカナ英語の多用は笑ってすましていていい問題ではありません。長年英語の教師をしてきた私が言うのですから間違いはないと思います。安易に本物かどうかわからないカタカナ英語を使うよりも、できるだけ日本語で説明しようとする努力をもっと大切にすべきだと思うのです。カタカナ英語を使っていると便利なようでいて、お互いに十分な理解が得られていない場合が多いと思います。それに、カタカナ英語の中には「ジャパニーズ・イングリッシュ」つまり偽物英語も多く、例えば野球の「ナイター」も正式には「ナイト・ゲーム」というのが正しいことはよく指摘されて知っている方も多いでしょう。「カフェオレ」は英語ではなくフランス語です。「アベック」もフランス語。「二つの機能がうまく**コラボレート**することによって理想的な**リザルト**が得られるのです」と言う代わりに、「二つの機能がうまくからみあうことで、理想的な結果が得られるのです」と言うほうが数段わかりやすいとは思いませんか。英語の意味をよく理解していれば、それをもっとわかりやすい日本語で表現することができるわけで、英語の教師である私だからこそ余計にそんなことを考えるのかも知れません。とにかく、日本語の水準を維持するためにも、できるだけカタカナ英語は使わないようにしたほうがいいでしょう。

教育の世界にもたくさんのカタカナ英語が登場し、それらはあたかも最先端の教育技術のように崇拝され歓迎されました。「**エンカウンター**」「**フィードバック**」「**ポートフォリオ**」「**プレゼンテーション**」「**カウンセリングマインド**」などなど例を挙げればきりがありません。しかし、どれ一つとってもこれといって目新しい発想のものはありません。例えば一時は大流行した「エンカウンター」とは、もともと「出会い・遭遇」という意味ですが、ゲーム形式で子供たちがお互いに接触したり会話をしたりするチャンスを意図的に作って人間関係の構築を促す教育手法のことをそう呼んでいるようです。しかし、意図的に作られた環境の中で人間関係作りが学習できると考えるのはあまりにも短絡的ではないでしょうか。普段の行事の中でも、人間関係を深めるチャンスはいくらでもあると思うのです。そういう自然の機会を作ってあげることは大切だとは思うのですが、教室の中でゲームから何かが生まれると考えるのは私にはちょっと理解できません。また、総合学習の導入によってしきりに使われるようになった「ポートフォリオ」という言葉も、元々の意味は「書類や絵の束」というもので、要するに研究の過程をファイル形式で保存していくことを意味しています。「フィードバック」とは、子供たちの行動や調査結果などに細かな評価と助言を返してあげることで、そのような特別な言葉がなくても、常識のある教師なら普段からよくやっていることです。提出されたノートにコメントを書いてあげることも、一種のフィードバックなのです。

カタカナ英語の氾濫に伴って、校内での会議の数も徐々に増えていきました。放課後に教師が会議をする機会が増えるということは、それだけ子供たちと接触する時間が減少することを意味しますから、ある先生などは「こうして教師が会議をしている間に、子供たちはどんどん悪くなっていく」と皮肉っておりました。私は彼の意見に大賛成です。会議をするなら、最終下校が過ぎた夜の時間にやればいいのです。勤務時間外の会議がいやならやらなければいいのです。机上の空論を戦わせることよりも、実際に子供たちの中に入って子供たちと共有の体験を積み重ねることのほうが、どれだけ大きな教育効果が得られるか知れません。国立大学付属の中学校が、毎日の放課後に研究会を開くのとは訳が違うのです。一般の公立学校の先生たちは、できるだけ子供たちと時間を共に過ごす努力をすべきではないのでしょうか。「先生、部活終わりました。ミーティングはやりますか？」「今日はそのまま帰っていいや。連絡はまた明日するから」こんな会話が頻繁に聞かれる学校は健全とは言えません。会議で忙しくて部活動の指導ができなかったとしても、せめて最後のミーティングに顔を出すぐらいのことができなくてどうするのでしょう。そんなことを続けていたら、子供たちは顧問が自分たちを見捨てていると思うようになっても仕方ないのではないでしょうか。「今日は会議で部活に出ることができなくて申し訳なかったね。それでも部長の話では気合いの入った練習ができたようで、先生も安心して会議に参加することができるよ。みんなありがとう」最後のミーティングに顔を出してそんなひと言うだけでも、子供たちはどれほど嬉しいか知れません。人から褒められて嬉しくない人間などいるわけないのですから。

総合学習の環境分野の取り組みとして、「ビオトープ」という言葉がもてはやされています。これは生物の生息空間を意味するドイツ語なのですが、ある中学校では無理矢理校舎の裏庭に「ビオトープ」と称して池を作りました。見上げると上空には高電圧線が走っているのですよ。最初は井戸を掘って回遊式の池作りを考えたようですが、その学校の敷地は地震の際に液状化現象が起こりやすい危険地域として指定されている場所なのです。井戸を掘ったらどんな結果になるか知れたものではありません。強引にビオトープを作ろうとするあまり、結果的に自然を破壊することになったらどうするのでしょう。その学校の管理職は、「ビオトープ」を学校の売り物にしたかったようですが、浅はかな計画としか言いようがないでしょう。T市は川にも沼地にも恵まれていますし、その学校のすぐ近くには二本の川が流れているのです。わざわざ学校の敷地内にビオトープを作る必要があるかどうかくらい、ちょっと考えればわかることでしょう。もし本当に子供たちにビオトープを見せたければ、関東地方で最大級の重力式ダムとして建設された宮ヶ瀬ダムのビオトープを見学に行けばいいと思います。ダム建設によって生息場所を奪われてしまった動物たちを呼び戻すために作られた本格的なビオトープがそこにはあるのです。

とにかく研究だとか会議だとかが多い学校は、子供たちの成長をしっかりと見守ることを忘れがちです。私が新採用で赴任した学校のある先生は、私にこう言いました。「職員室に子供が入ってきたときには、わざと暇そうにしているんだよ。忙しそうにしていたら子供たちが遠慮して職員室に顔を出してくれなくなってしまうからね。それに、子供たちが学校にいる間は、できるだけ机に向かって仕事をしないように努力すべきだね。子供と一緒に活動することを大事にしなくちゃいけないからね」私はその先生の言葉を今でもはっきりと覚えていますし、先生の言葉は全く正しいと思います。学校の教師に大切なのは理屈よりも行動です。「動いてなんぼの世界」……それが学校なのではないでしょうか。

形ばかりの「開かれた学校」

文科省の教育改革の目標の一つとして〈地域に開かれた学校作り〉という項目がありますが、実際には中学生の子をお持ちの皆さんには、お子さんが通っている中学校の状況が手に取るように伝わっているでしょうか。大阪の池田小学校事件以来、各学校は外部の訪問者に対する警戒感を強める一方で、形の上では地域に開かれた学校作りに取り組んできました。しかし、公開された学校の顔が本当の学校の素顔かという問題になると、そこには大きな疑問が残ります。例えば、普段はジャージ姿で授業をしている先生たちが、授業参観のときだけスーツ姿でよそ行きの授業をしたり、学級懇談会や学年懇談会でも、担任の学級経営能力を問われてしまうようなクラスの問題点には敢えて触れないなど、学校は本気で地域に実態を知らせたいとは思っていないのが実情です。もちろん、荒れた学校を建て直すために真剣に地域の協力を得ようと、ありのままの学校の状態を勇気を持って随時公開している中学校もあるのですが、多くの場合は学校の教師と保護者とは目に見えない厚い壁で仕切られているのです。私の目から見ると、どちらの側にも問題があるように思えます。つまり「建前」と「本音」を上手に使い分けているという点では、教師も保護者も全く同じ立場だからです。

最近の管理職の主流をなす見解は、「学校にはできることとできないことがあるのだから、保護者に過度な期待を抱かせるのはやめるべきだ」というものです。つまりできないことはできないとはっきり言うことが望ましいということなのですが、そんな開き直った態度が果たして地域の人々に快く受け入れられるものなのでしょうか。確かに学校の教師だけで子供たちの健全な育成を計ることは不可能ですから、学校と地域が共に力を合わせて頑張ろうという前向きな姿勢なら問題はないのですが、「学校にも限界がある」と主張する背景には、地域の人々と協調する精神はあまり強く感じることができません。

また、管理職の中には保護者にごまをするような卑屈な姿勢を平気でとる人たちもいてがっかりさせられることも少なくありません。校内では保護者の悪口を言いたい放題でいながら、保護者を前にした懇談会などでは、物わかりのいい校長を演じる目的は、いったいどこにあるのでしょうか。あまり決めつけた言い方はしたくありませんが、大きな問題を起こして保護者に騒がれるようなことがないように細心の注意を払いながら、何とか無事に定年退職を迎えたいという「保身主義」以外の何物でもないような気がするのは私だけではないでしょう。保護者の間違いを堂々と指摘できるような管理職は、決して自分の部下である職員を保護者の前で悪く言うような真似はしませんし、そういう立派な人格者であれば職員に対しても公平に厳しい態度をとれるものなのです。管理職が政治家のように人気取りをするようになっては、日本の教育界に明るい未来はありませんからね。

「開かれた学校」というのは「地域に対して門戸を開いた学校」という意味では決してないと思うのです。それは「地域に対して本音をぶつけることができる学校」「地域に対してありのままの学校の姿を見せることができる学校」という意味であるべきです。学校の教育方針をしっかりと地域に示して、地域の様々な立場の人々の協力を得ようとする誠実で謙虚な姿勢こそが、今一番学校に求められていることなのではないでしょうか。

例えば、現在の学校が抱える大きな悩みの一つとして、部活動の顧問不足の問題があります。特に運動部の顧問を引き受けると、休日を返上して練習や試合に関わることになりますから、日常の多忙な生活から来る肉体的疲労や精神的疲労を週末に回復する余裕がなくなってしまいます。高齢化した職員にとっては、文科省の唱える教育改革にしっかりついて行くことだけで精一杯な現状がありますから、その中で積極的に部活動の顧問を引き受けることを学校の教師に強要するのは酷なことかも知れません。ですから、文科省も地域の指導者を正式にコーチとして登用する制度を整備しつつあるのですが、「地域力の活用」というスローガンは、教師の甘えにつながる危険性も秘めています。安い報酬で快くコーチを引き受けて下さる地域の方たちにしても、普段は自分の仕事があるわけですから学校の教師と立場に大差はないのです。これで「開かれた学校」が実現しつつあるという幻想を抱く先生たちの何と多いことか。

学校が地域の人々との交流の場にもなるためには、「地域ふれあい講座」を実施して、地域の人々の技能や知識を活かす場を提供することもいいでしょうし、地域の人々が楽しみにしている文化祭や体育祭などの行事を何とか維持していく努力も大切でしょう。ところが残念なことに、地域の人々の苦労は歓迎しても、自分たちの苦労は敢えて背負おうとはしないのが、活気を失いつつある公立学校の実情なのです。一部の先生たちが奉仕精神を最大限に発揮して地域の人々との交流を図ろうとしても、その他大勢の先生たちのやる気のなさが、地域からの不本意な反感を買ってしまうのが現実の学校の姿です。

学校の教師が子供たちのために一生懸命に頑張っている姿を地域に見えやすいようにすれば、財政難の時代にあっても地域の人々の経済的な援助を得ることはそんなに難しいことではないはずです。ＰＴＡバザーも大きな力になりますし、ベルマークや使用済み切手・使用済み葉書の収集にも積極的に協力してもらえるようになるでしょうし、各種の募金活動も低調に終わることはないはずです。しかし、現実にはＰＴＡという組織を敢えて作らない学校も多くなりました。学校運営にやたらと保護者に口をはさまれたくないからです。何と嘆かわしいことなのでしょう。

たばこやアルコール飲料の自動販売機が街中に設置され、ポルノ雑誌の自販機さえ撤去されないまま放置されているような「大人中心の日本社会」の中にあって、子供たちの健全な育成を目指すことは非常に困難な状況にあります。経済的なゆとりのなさから、子育てに余裕のない家庭も少なくはありませんから、学校の教師も含めて地域の大人たちが知恵を出し合って地域と学校の教育力を取り戻す努力をする必要があるのです。そのためにも、保護者が自己中心的になって学校の教師のミスを突き上げることに生き甲斐を感じるような異常な状況を許してはいけませんし、同様に学校の教師が保護者の誠意を踏みにじるような言動を許してもいけないのだと思います。

他人を批判するのは簡単ですが、自分が共に苦労を背負うことは楽なことではありません。「開かれた学校」というスローガンは、全ての大人たちの協調が基本なのです。

果たして客観的な評価などあり得るのか

絶対評価の導入によって、子供たちは自分の成績に必要以上に神経をとがらせなくてもよくなった半面、本当に正当な評価がされているのかどうかも見えにくくなったと言えます。

例えば、レポート提出をしたとします。そのレポートの評価が成績になるという事実は知らされても、そのレポートがどのような基準に基づいて評価されたのかは、詳しく説明されることがあまりありません。詳しい説明があったとしても、レポートや作文の評価は、自然と評価する人間の好みや感情が入ってしまいますし、張り切って評価をつけ始めた最初の頃のレポートは比較的客観的に評価されたとしても、後半を過ぎた頃には先生の疲労度も限界に達し、最初の頃の丁寧な採点基準とは少しずつ基準がずれてきてしまいます。疲れれば、早く評価の作業を終わらせたいと思うのが人の情ですから、最後のほうのレポートは最初の頃のレポートと比べると、明らかにいい加減な基準によって採点されることになってしまうのです。その矛盾を避ける方法は二つしかないでしょう。一つは、レポートの採点を単純化することです。採点のポイントを絞って、採点に迷うような要素をできるだけ排除することですが、これでは一生懸命にレポートを書いた生徒に高い評価がつけられることが不可能になってしまいます。もう一つの方法は、複数の人間で同じ作品を評価してその平均値をとる方法です。しかしながら、そんな複雑な手間を学校の教師が自ら進んでかけることはまず望めないでしょう。

絶対評価の導入はもう一つ決定的な矛盾を抱えることになってしまいました。それは、今まで重視されてきた定期テストに大きな比重が置かれなくなってしまったということです。定期テストは膨大な資料の一部として見なされるため、テストの点数が良いことがそのまま成績の向上にはつながらなくなってしまいました。定期テストに対する考え方は各学校の裁量に任されていますから、下手をすると主要五教科の中にも、中間テストを実施しない教科も出てきたりします。普段の小テストが定期テストの代わりになるというもっともらしい理由からです。しかし、そのような自由裁量を認め始めると、定期テストの存在自体の意義がどんどん薄れてしまいます。「テストの結果だけで成績をつけない」と言うと、いかにも格好よく聞こえますが、実態はテスト作りと採点の苦労から先生たちが解放されるという利点があるだけで、テストの回数が減らされてしまう子供たちにとっては果たして本当にいいことなのかどうかはわかりません。私個人の意見としては、どんなにいろいろな資料をそろえたとしても、やはり評価の中心には定期テストの結果を重視することが大切だと思います。定期テストが百点満点で提出物が二百点満点になって、しかもその得点の比重が全く同じものとして評価されるのだとしたら、どこかおかしいとは思わないでしょうか。そのような成績の付け方は、私塾の存在価値を落とし、学校の教師に更に大きな武器を与えるだけなのではないでしょうか。「点取り虫」を嫌う学校の風潮は、非常に公平さを欠くと思います。学校の先生たちの多くは、自分自身が子供の頃に「点取り虫」だったわけで、自分と同じタイプの人間を見ると腹が立つという人間の心理がそこには働いているのではないでしょうか。「努力の過程」を評価することは大変重要なことだとは思いますが、だからといって結果を軽視していいということにはならないでしょう。

私が私塾の講師を始めてからもう一ヵ月近くが経過しますが、私が面倒を見ている生徒の多くが英語の成績で「２」をもらっているそうです。私は英語の教師としては普通のレベルより数段上のところに位置する自信がありますが、そんな私から見て彼らに「２」をつける先生たちの評価基準を情報開示制度で開示してみたいという衝動にかられてしまいます。絶対評価で「１」や「２」がつく生徒たちは、その教科でよほど学習が遅れているということになります。「２」をもらう生徒が、すらすらと英文を読むことができたり、現在完了や関係代名詞といった難しい文法事項を比較的楽に理解できるなどということは決してあり得ないのです。

「授業態度」や「レポートの提出点」「授業中の発言点」などを重要な資料として成績決定の資料にする先生がいるようですが、授業態度が悪いのは必ずしも生徒のせいだけとは言えないという事実を忘れてはいけません。生徒が夢中で聞くような授業をすることができない自分の未熟さは棚上げしたままでいいのでしょうか。学校の先生たちの集まりでよく有名な講師を呼ぶことがありますが、先生たちでさえおもしろくない話を聞いていたら居眠りを始めるではありませんか。それなのに、どんなにつまらない授業をされても子供たちには立派な態度で授業を受けろと要求するのはとんでもない勘違いです。レポートの提出にしても、やり方がどうしてもわからない生徒にきちんと援助の手をさしのべた上で評価をしているのなら問題はありませんが、全て生徒任せで評価しているとしたら、それはもはや教育とは言えないでしょう。苦手な生徒は、レポートに何を書いていいかさえわからないものなのです。授業中の発言は、私も評価の要素としてチェックしていましたが、前述したように私はその点数は満点に上乗せするプラスα点として処理していました。挙手の回数が多いかどうかはその子の性格の問題ですから、それをそのまま評価してしまうとしたら、それは人権無視以外の何物でもないのではないでしょうか。世の中の人間が全て積極的になったら、縁の下の力持ちのような活躍をする人間は誰もいなくなってしまうかも知れません。それぞれの個性を持った子供たちが、社会に出てからそれぞれにふさわしい活躍の場を見つけることが大切なのであって、世の中の人間たちの全てを、学校の教師が気に入るような人間にしてしまうような発想は、ヒトラーの全体主義と少しも変わることがないような気がしませんか?

どの中学校も、学期の初めか年度の初めに各教科の評価基準一覧を保護者宛に配布しているようですが、その内容に関しては各地区で大きな違いがあります。私は、どのテストでどの範囲の点数をとればどの評価にするかまで詳しく書いて担当者に提出したところ、そこまで保護者に知らせる必要はないとのことでした。英検でも合格点数ははっきりと明示されるのですよ。それなのに、学校はなぜそんなあいまいな基準表しか配れないのでしょうか。それは先生たちに、自分の評価方法に対する自信が欠如している証拠なのではないでしょうか。詳しい評価基準を公表したことで、保護者の中から批判が出た部分があるとしたら、そこは謙虚に受け止めて再検討するくらいのことができても、先生たちの威厳は少しも落ちることはないと思います。むしろ、保護者の意見に謙虚に耳を傾ける姿勢を見せる方が、かえって大きな信頼を受ける結果となるのではないかと思っています。秘密主義は公務員の共通した欠点ですね。

最近では生徒指導の方針も保護者に明確に知らされることがなくなってきました。何色の靴がOKで何色がだめなのか。髪の毛をゴムで結わくのは許されているのかどうか。短いソックスは禁止なのかどうか。ワンポイントのTシャツは体操着として認められるのかどうか。冬のコートにはどのような制限があるのか。様々な細かいルールがあっても、学校はわざと説明をファジー（おっとこれもカタカナ英語でした。「あいまい」と書くべきところですね。どうやら私も悪い教員気質が抜け切れていないようです）にすることによって、保護者の判断にゆだねて生徒指導の重荷を少しでも軽くするようにもくろんでいるのです。これは決して学校が物わかりのいい場所になったのではなく、できるだけ保護者や生徒との間に無用な摩擦を起こしたくないという「事なかれ主義」の表れだと考えたほうが正しいかも知れません。それが証拠に、はっきりと校則違反だと謳われていないことが、一部の教師の個人的な見解で「違反」だと決めつけられてもめることも少なくありません。

「中学生らしい色合いのもの」などという玉虫色の表現をしておきながら、「赤は派手だからやめなさい」などと平気で言ったりするのが多くの先生の価値観です。赤が派手だと思うのなら、自分が学校に通勤用に使っている車の色を赤にするのはなぜでしょう。赤いジャージをはいている先生は、それで許されるのですか？　学校指定のジャージが赤の学校があるのはなぜなのでしょうね。「中学生らしい」という表現を使うからには、生徒がどんな色のものを選んだとしてもそれを否定してはいけないと思うのです。それがその子の中学生らしい色という判断であるのなら、それでいいではありませんか。黒い靴はＯＫだなどと豪語する先生はファッション界に無知な人間です。なぜならば、黒はファッション界では究極のおしゃれの色とされているからです。短い靴下がだめでハイソックスがＯＫだなどというくだらない論議はもうやめにしたらどうでしょう。生徒がどんな靴下をはいていようが、それで学校生活に支障があるわけではないのですから。「そんな格好をしていたら入試で絶対にチェックされます」などといかにも物知り顔で子供たちに話をしている先生を見ると、私は身の毛がよだつ思いをしたものです。その子がどうしてもその高校に入りたいのなら、自分でどんな格好がふさわしいか判断すればいいことではありませんか。面接に茶髪で行ったがために不合格になったとしても、それは学校の教師の責任では決してありません。その子はその失敗から大切な社会勉強をすればいいのです。教育とは、教師が自分の価値観を子供たちに押しつける行為では決してありません。そのへんを勘違いしてしまうと、学校は実社会とは益々かけ離れた世界と化すでしょう。

愛は与えるもので求めるものではない

ある英字新聞で見かけたこの言葉。"Love is for giving, not for taking." 英語の教師をしていた私の心に強く印象づけられました。私たちは、ついつい相手に「～してくれるのではないか」と期待しがちですが、人生は常に自分が他人のために何をすることができるのかを考えていればそれでいいということをも意味しているのでしょう。

ある部活動の教師がいつもぼやいておりました。「こっちがせっかく朝早くから練習につきあってやってるのにさあ、あの子たちったらちっともやる気がないんだから、本当にいやになっちゃうわよ」私はいつも頭の中で彼女に向かって叫んでいました。「朝練をやるのなんて運動部なら当たり前のこと。自分がやってあげていると思っている限りは子供たちから期待通りの反応が返ってくることなどありえないんだ。それに、顧問も朝早くから出勤していて大変かも知れないけれど、親たちだって朝早くからお弁当を作ってくれているのを忘れていないか？　いつもいつも子供たちから何かを期待するのはいい加減にやめにしろよ！」実際に言葉にして彼女にぶつけることもできるのですが、こういう教師は事実を指摘されても、逆上こそすれそれを謙虚に受け止めることはまずないのです。

私は学校の教師を辞めてから、やっと普通の人間らしい生活のリズムを取り戻すことができるようになりました。ペットの龍馬君を毎日散歩に連れていくのも少しも苦ではなくなりました。私の尊敬する先輩は、私よりは一時間以上も早く起きて、きちんと犬の散歩をしてから七時前には職員室に入っておられましたが、私にとってはそんな芸当はとてもとても無理なこと。毎晩、二時前後までは教材作りに奔走していた私にとっては、部活の朝練ほど辛いものはありませんでしたから、犬の散歩など不可能だったのです。本当にひどい飼い主だったと思います。それでも、龍馬の前のハナという雌の柴犬は、私に常に忠実な態度で接してくれていました。にもかかわらず、私は彼女の死を看取ることもできなかったのです。だから、ハナの分も龍馬には尽くしてあげたいと思っています。

動物は正直ですから、かわいがってくれる人のことをよく知っています。ペットだからといって、常に見下げた態度でいる飼い主には決して信頼を置くことはありません。ところが、そういう横柄な飼い主に限って、「～をしない」「～ができない」とやたらと注文が多いものです。自分が何もしないくせに、相手にはあれこれ注文や期待をする。相手が動物であっても人間であっても、そんな不公平な関係は存在し得ないのです。面倒くさくても、毎日必ず散歩につきあっていると、犬の態度は急速に変化していきます。基本的に犬は忠実な動物なのですが、いつも自分のことを思ってくれている人に対しては、更に愛情を返してくれるのです。我が家の人間はみんな龍馬を愛していますから、龍馬はあちこちに愛想を振りまくのに大忙しです。彼はとても幸せな犬だと思いますし、そんな彼と出会えた私たちもとても幸せだと思います。まだ生後六カ月の龍馬ですから、普段はいたずらの限りを尽くしておりますが、こちらが体調を崩しているときなどは、それを敏感に悟って心配そうな目で見つめてくれたりするのです。動物は何と優しい存在なのでしょうか。

シェル＝シルヴァンスタインという作家の描いた『おおきな木(The Giving Tree)』という絵本をご存じですか。私は学生の頃にその本と出合いましたが、当時でもクリスマスや誕生日のプレゼントとして世界中で人気を博していた最高の本でした。原題を直訳すれば「（愛を）与え続ける木」ということになります。主人公の木は、大好きだった子供のために最後は切り株になってまで愛情を注ぎ続けるのです。そして、老人になった子供が切り株になった自分に腰掛けて休むことができるのを知って、木は最高の幸せを感じるという物語です。ある意味ではとても悲しい物語であり、おそらくその本を読んだ人は読み終えたあとしばらく考え込んでしまうに違いありません。「自分にはとてもそんな生き方はできないのではないか……」「木はそれで本当に幸せだったのだろうか……」「無償の愛など本当に存在するのだろうか……」いずれにせよとても素晴らしい作品ですから、一度は読んでみるといいと思います。

私はその『おおきな木』を何度も道徳の授業で扱いました。子供たちに無償の愛を押しつけたかったのではなく、素晴らしい話を知って欲しかったからです。たとえ、自分には主人公の木のような生き方ができなかったとしても、その木の存在を知るだけで、自分の傲慢な生き方を反省するいい機会になるからです。子供たちはとっても素直ですから、感想文を書いてもらうと、一様に感動した様子を文字にしてくれました。「しらけた世代」と言われる現代っ子たちが、『おおきな木』に感動してくれることで、私は子供たちへの信頼感をますます深めることができました。やはり子供たちは優しいのです。

学校の教師に限らず、私たち大人は知らず知らずのうちに他人に多くの期待をしている自分に気づきます。と言うより、気づく人はまだ幸せなほうで、気づかずに一生を終える人も少なくはないでしょう。「なぜ～してくれないのだろう」そういう考え方をやめない限り、人生で感じる幸せの量が増えることはまずないのではないでしょうか。理想論になってしまうかも知れませんが、「なぜ自分はあの人のために～してあげられなかったのだろう」そんな風に一人でも多くの人が考えるようになったら、この世の中はどんなに愛情に満ちた温かい場所になることか知れません。

そんな風に考えて見ると、今まで自分に対して納得のいく言動をとってくれなかった人たちのことが少し理解できるようになるから不思議です。もちろん、私たちは聖人君子ではありませんから、人を恨むこともあるでしょう。しかし、ときには「自分は他人のために何かをできているか」と自問することは決して無駄なことではないと思います。

若い世代と中高年世代との溝が、今まで以上に深まってしまっているように見える現代の日本。若い人たちの蛮行を見て、「なぜ～しないのだろう」と愚痴をこぼす前に、自分が人生の先輩として彼らに何かしてきたかどうか振り返ってみたらどうでしょうか。そうすれば、愚痴の数も半分以下に減って、自分自身もストレスを感じることが少なくなるに違いありません。特に学校の先生たちには、常に生徒に責任を押しつける姿勢を固く戒めてもらいたいのです。公務員は社会への奉仕者であることを決して忘れないで下さい。

「三つ子の魂百まで」

私が小学生の頃は、両親とも私の授業参観に来るのが非常に恥ずかしかったそうです。当時はちょうどシャープペンシルが発売された頃だったのですが、私は木製の椅子をまるでロッキングチェアのように前後にばったんばったんさせて、その上シャーペンのおしりをかちゃかちゃといつまでも押していたそうです。ちっとも授業に興味を示さない我が子の醜態を見て、父も母もさぞかし顔から火が出る思いだったことでしょう。

最近になって初めて母から聞いた話なのですが、私の父は非常に几帳面な性格で、私に書き方を教えるときも、枡からちょっとでも字がはみ出したりすると、すぐに消しゴムで消して何度も何度も書き直させたそうです。母がいくら文句を言っても、几帳面な父の性格を変えることはできませんでした。尋常高等小学校しか出ていない父と、新制中学校だけしか出ていない母。漁師町で生まれた母が農家の父のところに嫁入りしたわけですから、我が家は決して教育一家などではなかったはずなのですが、母の考え方は今思うとまさに教師の発想だったのだと思います。子供のミスをいちいち指摘して、子供の可能性の芽を摘んでしまうようなことがあってはいけないと母は父に訴えたのだそうです。

父は七人兄弟姉妹の中で育ちましたが、兄や姉に先立たれて、結局は実家の農業を継がなければならなくなったそうです。父の夢は国鉄に勤めることでしたが、貧しい農家で十分な勉強の機会も得ることがなかった父は、自分の夢を叶える機会さえ与えられることがありませんでした。そのうち農業を捨ててサラリーマンになった父は、某国営テレビの受信料徴収の仕事についたのですが、どちらかといえば芸術家か技術者タイプの父に営業など務まるはずがありません。自分の性格に全く反した仕事を強いられた父は、精神的にもすっかり参ってしまい、そんな父の苦境を陰で母が一生懸命に支えたのだそうです。教師としての私の目で見る限り、母には教育や営業の才があったようです。もちろん、父の才能も母の才能も開花することはありませんでしたが、二人の血は確実に私と弟に引き継がれ、二人の中で花開くことになります。私の弟は几帳面な仕事ぶりを買われて、建設会社の積算の仕事で名をあげることになりましたし、私は教育の仕事について様々な教材開発に取り組むことになりました。子供の頃は母の顰蹙を買うだけだった父の四角四面な教育も、私に他人には真似のできない正確な編集作業をこなす才能を与えてくれました。

現代っ子を悪評する言葉はちまたにあふれています。「今の子供たちは礼儀がなっていない」「今の若い連中は切れやすくて怖い」「現代っ子は自己中が多くて何を考えているのかわからない」「このままでは日本の将来は真っ暗だ」等々、例を挙げたらきりがありません。しかし、現実はどうかと言うと、そのような悪評に値する子供たちはごく一部であって、ほとんどの子供たちはしっかりした親の教育を受けて昔ながらの人情あふれる少年少女に育っています。子供たちは時代によって教育される側面を持つ一方で、やはり基本的な土台の部分は親の教育方針の影響が非常に大きいのでしょう。家庭の事情で片親しかいなくても、子供たちのために一生懸命に働く親の姿を見て育つ子たちは、決して道を外れることなどありません。

ですから、学校の教師や塾の先生や親や地域の大人たちが協力して頑張れば、健全な社会を取り戻すことは十分に可能なのです。ところがそれがなかなかできない。結局は、子供たちに問題があるのではなく、周囲の大人たちに大きな問題があるのでしょう。自分のことは棚に上げて、子供の前で他人の批判ばかりしている大人を見ていたら、人生に希望を持つ子供が育つはずはないですからね。成人式で大暴れする若者たちにもあきれてしまいますが、それ以上に車から道路の植え込みにゴミ袋を投げ捨てたり、禁止されている携帯電話を片手に運転を続けたり、他人から何かをしてもらっても「ありがとう」のひと言さえ言えなかったり、国民の血税を平気でギャンブルに使ってしまったりする大人たちのほうが数段問題です。日本の将来を託せるような立派な若者たちを育てようという意識のかけらもない大人たちの中で、私は敢えて現代の若者たちに腐った人生を送らない勇気を持って欲しいと願っています。「大人たちなんて信用できない」と思うのなら、自分自身が同じように信用されない大人になってはいけません。

マスコミの情報だけに振り回されてしまうと、まるで世の中の人間がみんなおかしくなりつつあるように感じてしまいがちですが、奉仕の精神を忘れることなく、世の中の弱い立場の人々のために一生懸命まじめに生きている人たちもたくさんいるのです。前述したように私の父は老人福祉介護施設にお世話になっているのですが、そこで幼児帰りしてしまって手のかかる父たちの面倒を笑顔で見てくれている若者たちは、本当に天使のような笑顔をしています。彼らが特別にいいお給料をもらっているわけはなく、それにもかかわらず、人生の大先輩たちのために心から尽くしてくれているのです。彼らの姿には本当に頭の下がる思いがします。彼らもきっと幼い時期のどこかで、周囲の大人たちからたっぷりと優しい愛情を受けたに違いありません。

もし不幸にも周囲の愛情を感じることなく大人になってしまった人たちがいたとしたら、酷な注文かも知れませんが、この世に生を受けた幸福に感謝することで、その気持ちを世の中の恵まれない人々のために具体的な行動に変えて欲しいと思います。マイナスの感情はマイナスの感情しか生むことはありませんから、世の中の人間を恨んでみたところで、自分が幸せな人生を送れることにはならないからです。

そして、学校の先生たちには、自分たちの言動の一つ一つが子供たちを勇気づけたり傷つけたりする大きな影響力を持っていることを改めて自覚して欲しいと思います。私たちがかつてそうだったように、子供時代は誰もが完璧ではありません。ときには「どうしてそんなことをするのか」と嘆きたくなるようなこともあるでしょう。それでも、子供たちの将来の可能性を信じて、子供たちを温かい愛情で見守ってあげてもらいたいのです。否定的な言葉を受けながら育った子供たちは、やがて自分の存在価値を否定するようになり、自分を肯定できない若者は、やがては他人をも肯定できない大人になってしまうからです。

学校の教師の小さなひと言が、一人の人間を大きく変えてしまうことがあるからこそ、教師は「聖職」だと言われるのです。「自分一人が頑張っても……」などとあきらめず、一人でも多くの教師に目覚めて欲しいのです。

第4章

私が文部科学大臣になったら

教員にもう一度夏休みを与える

一連の公務員批判に呼応するように、教員の自動車通勤に規制が設けられ、夏休みも返上になりました。世間の人々はそれで満足したのかも知れませんが、夏休みがなくなった学校の先生たちが、職員室で何をしているかまで問う人はいませんでしたね。朝八時半に出勤して、クーラーのきいた職員室でのんびり仕事をしていれば、誰にも文句を言われることはありません。五時二分前には帰宅の用意を始めて、一分前に玄関に向かって歩き出し、五時のチャイムと同時に玄関のドアを出ればそれでOKです。極端な話をすれば、一日中コーヒーを飲みながら、週刊誌を読んでいても、それでとがめられることは全くありません。どこか涼しい、例えばコンピューター室などにこもって、昼寝をしていても全く問題なし。これで、夏休みが返上されたことになるのでしょうか。

私は、そんなごまかしの勤務をする先生たちを無条件に非難しようとは決して思いません。なぜなら、学校事情も知らずに、ただ教員批判を繰り広げてきた世間に全ての責任があると思うからです。がんじがらめの規則で縛られれば、自主的に研修をしようなどと前向きな気持ちになるはずはないのです。「そんな先生は意識が低いのだ」と腹を立てる人もいるかも知れませんが、人間の反抗心というものは理屈ではどうにも処理できないものではないでしょうか。

私の世代の教員は、初めから夏休みなどありませんでした。夏休みには部活動の練習があるので、それこそ朝から晩まで真っ黒になりながら顧問として働き続けます。教員に採用されてから数年のうちは、時間を作って海外旅行にも行くことができましたが、次第に責任ある立場になるとそんな時間もなくなっていきました。「教員は夏休みにも給料がもらえるのだから、そのくらい当たり前だろう」と言われてしまうかも知れませんが、私たちは教科で採用されたのであって、部活動の顧問としての専門的な訓練は受けていませんから、スポーツの苦手な人が運動部の顧問を引き受けさせられて、一日中外で練習を見ているのは苦痛以外の何物でもないでしょう。私のように子供の頃から三度の飯より運動が好きだった人間は、趣味と実益を兼ねた状態で楽しく夏を過ごすことができるのですが、多くの先生たちにとっては部活動に専念する夏休みは本当に苦痛です。それでも、私たちは文句も言わずに「苦しい夏」に耐えてきました。それが、世間の人々から見れば遊んでいて給料をもらえると思われていたというのですから、誰も何もやる気がなくなったとしても仕方のないことだと思うのです。

私は夏休みは先生たちに大いに研修して欲しいと思います。国内・海外を問わず、普段世間の風に当たることのない先生たちが旅行をすることは、大変貴重な研修になります。私が文科省の大臣なら、旅費の三分の一か二分の一を援助してあげてもいいでしょう。その代わりといってはなんですが、旅行をした先生たちには原稿用紙五〇枚程度の紀行文を書いて提出してもらいます。研修旅行で得たものをきちんと文字にして報告してもらうのです。そのほかの様々な研修に参加した場合にも、必ず最低レポート用紙に五枚から一〇枚程度の報告書を提出してもらい、夏休みの終わりには学校ごとに全職員の報告書を一冊の研修収録として製本してもらいます。もちろん、それは保護者にも閲覧可能なように、事務室に何冊か保管すればいいでしょう。部活動の練習に参加した先生たちには、毎日の記録をしっかりとつけて、部活報告書を提出してもらいます。そして、積極的に研修に参加して説得力のある報告書を書いた先生や、部活動の運営で絶大な効果をあげた先生たちには、歩合給を出すのです。教員の世界にも絶対に競争原理は必要です。逆に、ほとんど何の成果もあがらなかった先生は減俸処分にします。そのくらいのことをしなければ、平和呆けをした今の先生たちの目を覚ますことなど到底不可能だからです。そんな方針を打ち出したら日教組が黙ってはいないかも知れませんが、公務員たるもの文科省の方針に背くならばそれ相当の処分を覚悟してもらわないといけません。今の弱体化した日教組には、残念ながら処分を覚悟で文科省に逆らう元気など微塵も残ってはいないでしょうけれどね。

先生たちにも通知票を

これは今までにも自主的に実施している先生たちがごくわずかですがいたようです。大変勇気のいることですが、ぜひ導入したい制度です。子供たちが先生の指導をどのように評価しているか、先生たちも知るべきです。「そんなことをしたら子供の機嫌取りをする教師が増えるだけだ」と反論する先生もいるかも知れませんが、そういう先生は生徒の本質を全く理解していません。子供たちの評価は思っている以上に公平です。自分たちの要求を何でも聞いてくれる先生にいい点数がつくと思ったら大間違いで、厳しくても本当に生徒のために情熱を傾けてくれる先生を、子供たちは切望しているからです。通知票をもらった先生たちは、自分の未熟な点を謙虚に反省してそれ以後の指導に役立てればいいのです。そして、子供たちの評価は当然のことながら歩合制の給料に反映されるでしょう。子供たちから大きな信頼を買った先生は、それなりの報酬を受ける権利があると思います。「そんな余分なお金はいらない」と正義感に燃える先生は、子供たちのために学級文庫の充実を図ったりして歩合給を拠出してもいいと思いますが、私なら自分の更なる研修のために投資させてもらうでしょう。

教科の指導者としても、学級の経営者としても、全く能力のない先生は予想以上に大勢います。そういう能力のない先生たちが、国民の血税から多額の給料をもらっていることがそもそもおかしいのです。民間企業で学校の教師ほどの高給を望むことはほとんど不可能でしょう。こんなに不景気な時代にあってボーナスも百万円前後は確実に保証されるのですから、先生たちにはもっと真剣に教育のプロとしての自覚を持ってもらわなければ困るのです。クラスのいじめや不登校の生徒に適切な対応をできない先生は、職場からはずして再研修プログラムに参加してもらいましょう。もちろん、その間の給料は数パーセントの減給を覚悟しなければなりません。減給分が研修の費用にあてられるという仕組みです。そんなみじめな思いをしたくなければ、一生懸命努力すればいいのです。大学教授は定期的に論文を書かなければ名声を維持できませんが、学校の先生は全く勉強をしなくてもいつまでも「先生」のままでいられるのですから、そんな甘ったれた状態を放置しておくくらいなら、学校の教師の給料を大幅に削減して私塾や私学に援助金を給付してあげたほうがよほど世の中のためになるでしょう。先生たちにつけられる評価に子供たちだけがおびえているのはいかにも不公平です。教員の世界にも緊張感が必要です。

先生たちの通知票には当然のことながら保護者の意見も反映されなければなりません。保護者の意向を無視して横柄な態度をとるような先生には厳しい評価が下るでしょう。中には意図的に意地悪な評価を下す保護者もいるかも知れませんが、それは保護者同士の自主規制に委ねたいと思います。

先生たちの通知票が本当に実施されれば、意気地のない先生は自己主張をできなくなってしまうかも知れません。生徒や保護者におべっかを使う人も出てくるでしょう。でも、もしそんな強い信念のない教師が本当にいるのなら、そういう先生たちこそすぐに職場を追放されるべきです。教師になりたくて待機している若い人たちは山ほどもいるのです。教師の世界にもリストラが当然あるべきです。

厳しく公平な管理職登用制度を

東京都では管理職になるための試験が実施されているそうですが、T市では管理職になるためにはとんでもなくあきれた流れに乗らなければなりません。こんな話をしても信じてもらえないかもしれませんが、ある学校で職員会議をやっていたとき、職員室の電話のベルが鳴りました。それは校長宛の電話だったのですが、校長の応対を聞いているとどうやら翌日のゴルフのコンペについての問い合わせのようでした。校長は何とか言葉を濁して受話器を置きましたが、管理職を目指す集団のゴルフのコンペに参加したり、特定の団体に所属したりしなければ、管理職への道が開かれないなどという漫画のようなシステムが他の地区にも存在するのでしょうか。

本当に力量と指導力のある、いわゆる「切れる先生」はなかなか管理職に登用されることがありません。なぜなら、そのような厳しい先生が管理職仲間に加われば、自然と自浄作用が働いてしまうからです。当然のことながら、教育委員会に採用される先生たちも、当たり障りのない人間か、若しくは現場に置いておくと大変な問題になりそうないわくつきの先生たちです。私はとても大きなアンテナを持っていて、市教委のお偉方の様々なスキャンダルを数多く握っていますが、その内容をとても文字にする勇気はありません。T市の信用問題だからです。しかし、これだけははっきり言えますが、市教委の先生たちや管理職の先生たちの表の顔と裏の顔は全く違うのです。中には素晴らしい本当の人格者もいらっしゃいますが、そのような方はまず突然変異としか言いようがありません。

ですから、管理職登用には民間の知識人の代表を交えた審査会が任に当たるべきだと思います。その先生の教員としての実績や、教育に対する考え方などを様々な角度から検証し、審査会の合意を得られた人たちだけが管理職として登用されればいいのです。上に立つ者がしっかりすれば、教育界の雰囲気は一変してしまうことでしょう。事なかれ主義の意気地無しな管理職には隠居していただいて、正義感と情熱に富んだ立派な先生をぜひ校長・教頭として登用してもらいたいと思います。政治の世界に派閥があるように、管理職の世界にも派閥があるようです。仲間内のなあなあ主義で次世代の管理職が決まってしまうようでは、T市の教育には明るい未来は決して期待できないでしょう。

全校にPTAの組織を

私が教員をしていたT市では、多くの学校がPTAの代わりに「保護者代表者会」という小さな組織を設けていました。私はなぜPTAを作らないのかずっと疑問に思っていたのですが、下手にPTAのような巨大な組織を作ってしまうと、学校の運営方針にやたらと口を出されて先生たちが煩雑な思いをするからというのが大きな理由のようです。しかし、現実の問題としてPTA組織がしっかりしている学校は、たとえ何かの問題が起きたとしても、落ち着いた対応ができているのではないでしょうか。学校の内側が見えにくい「保護者代表者会」よりも、学校の内部をガラス張りにしたPTA組織のほうが、ずっと健全な学校作りに貢献すると思います。

少子化の時代を迎えて、学校予算も苦しい状況にあることを考えれば、PTA組織の充実は経済的にも学校にとっては大きな支えとなってくれるでしょう。文科省の「開かれた学校作り」という方針とも合致する流れだと思います。学校の教師と地域の全ての大人たちが力を合わせなければ、子供たちの健全な生育環境を整えることが難しくなった時代だからこそ、そのような組織が必要なのです。多くの管理職は学校の恥を外にさらすことをどうしても敬遠しがちですが、教師たちの限界を正直にＰＴＡを通じて地域に知らせることも大変重要なことだとは思いませんか。何か問題が起きても、詳しい状況を知らせてもらえないような学校に、安心して子供を通わせるわけにはいかないのです。実際、もし私に子供がいたら、絶対に公立の学校には通わせません。向上心のない先生たちに子供を預けて、いい結果が期待できるとはとても思えないからです。そんな危険を冒すくらいなら、多少お金がかかっても企業努力を怠らない私学のお世話になったほうが、はるかに安心できると思います。しかし、その一方では「温室育ち」の子供に育って欲しくはないという願いもあるので、できれば公立の学校にもう一度蘇るチャンスを与えたいとも思います。

学区制の撤廃を

平成十七年度入試から、神奈川県では公立高校の学区制が完全に撤廃されますが、中学校の学区制もある程度の範囲内で撤廃してはどうでしょうか。現在でも、保護者が強引に押し切れば越境入学が許されてはいますが、それを公式に認めるのです。その代わり、遠距離通学による子供たちの安全確保に関しては保護者が一切の責任をとらなければなりません。

もし中学校の学区制が解除されたら、いったいどんなことが起きるでしょうか。容易に想像できるのは、あまり評判の良くない学校は経営不振に陥るということです。そして、そのような結果を招いた場合には、当然のことながら管理職が責任をとらなければなりません。学校が保護者と生徒から選ばれる立場になったら、突然真剣な企業努力が始まることでしょう。人気のない学校から人気のある学校への一般職員の転勤も許可しないようにすれば、先生たちは必死になって授業研究やクラス経営・部活運営に取り組み始めるに違いありません。生徒を確保するためのアイデアも真剣に考えないと、本当に倒産してしまいますから、情熱と能力のない先生たちは当然のことながらリストラの対象となります。そうすれば、これ以上世間の人々が教育公務員批判を繰り広げることもなくなるでしょう。

各学校は、生徒募集に当たってそれぞれに独自のパンフレットを作成するようにして、その冊子には教職員のメンバーと各人の実績とが明記されることになります。各学校は他校にはない特色作りにも腐心しなければならなくなりますから、学校は見違えるように活性化することでしょう。

今までの学校は、教師同士の格差をできるだけ目立たないようにすることに躍起になってきました。例えば、T市で英語の弁論大会が始まったときにも、きちんとした審査で順位をつけ表彰しようという案が出たのですが、そんなことをしたら特定の先生が常に指導力を評価されることになって他の先生のやる気をそいでしまうという理由で、弁論大会とは名ばかりの「英語フェスティバル」がスタートしました。信じられますか？　素晴らしい指導力を発揮する先生がいたなら、その先生の存在を励みにしてみんなが自己研鑽の努力をすればいいではありませんか。それなのに、英語の教師としての能力を公に評価されたくないという理由で、スピーチコンテストは未だに実現していないのです。文科省は中学校の英語の教師の資質の一つの基準として、英検準一級程度の実力が望ましいと現実を無視した発言をしていますが、中学校の先生たちに英検準一級を受けさせたら、何人合格するか試しに実験してみたらいいと思います。結果は目を覆う状況であることは明らかです。もしかしたら、英語の先生の数は十分の一以下に減ってしまうかも知れません。英検一級となれば、まず九九％の英語の先生たちは合格することができないでしょう。中学校の英語教師のレベルはそれほど低いのです。

　私は、自分が英検一級を持っているからこんな嫌みを言っているのではありません。英語の専門家として言わせてもらえば、英検一級など大した価値はないのです。同時通訳を仕事にしている人たちに比べたら、私たちなど赤子のような存在でしかありません。学校の教師は、まずはそのような厳しい現実から目をそらしてはいけないと思います。自分たちの未熟さを十分に自覚して、今からでも遅くはありませんから努力を始めればいいのです。さもないと、数年後にはバイリンガルの若い先生たちがどんどん採用されるようになって、力のない英語の先生は確実にリストラされることになるからです。

　ただし、教員の世界は実力勝負の世界であるべきですから、その先生の出身高校や出身大学を問題にするような馬鹿な風潮だけは作ってはいけません。スポーツの世界で、名選手イコール名監督ではないように、教育の世界でもいい大学を出た先生が必ずしもいい指導者であるとは限らないのです。むしろ、そうではない場合のほうが多いかも知れません。ですから、学校紹介のパンフレットにはその先生の持っている資格や実績を明記すればいいと思います。いかがですか?

職員会議にはオブザーバーを

学校の職員会議ほど時間の無駄はありません。何しろ、意見という意見はほとんど出ないのですから、それならば形だけの会議で放課後の貴重な時間を無駄にするのはやめて、討論抜きで決定事項をプリントにして先生方の机上に配布すればそれですむことです。しかし、それは本来の学校の姿ではありませんよね。職員会議できちんと議論して物事は決定されなければなりませんし、議論なくして決定された事項は、職員に徹底しないというのが現状であることは前述の通りです。

平成十六年度になって、T市教委からびっくりするような通達がおりてきました。「職員会議の記録はできるだけ結論だけを記入する簡素な形式にするように。また生徒指導の記録もできるだけ文書には残さないように。情報開示制度がこれだけ普及した時代にあって、学校が不利になるような要素は極力撤廃する努力を」というような内容でした。私は我が耳を疑いました。記録に残してはいけないような話し合いならしなければいいではありませんか。しかも、生徒指導の記録は丹念に残すというのがそれまでの教育界の大原則でした。それを、何の前触れもなく突然やめろと言ってきたのです。保身主義もここまでくるともう手当のしようがありません。

私は職員会議には保護者代表のオブザーバーを同席させてもいいのではないかと思っています。もちろん、生徒の個人的な情報については決して他言しないという誓約書を交わした上での参加です。保護者のオブザーバーは、個人情報以外の話し合いの内容を他の保護者に伝えることができるようにしておけば、先生たちがあくびをしながら会議に臨むことは一挙になくなることでしょう。議論も積極的に行われるようになるに違いありません。学校の教師も人の子ですから、緊張感のない場所では信じられないほどのだらしない醜態を見せます。先生たちが自分に厳しくなれないのであれば、オブザーバー制度の導入もやむを得ないのではないでしょうか。密室で経緯も明らかにされずに決定された事項だけを「学校だより」という形で結果だけ知らされる保護者のいらいらもこれで解消されるはずです。学校完全五日制の実施に伴って、各学校では行事の見直しが進められてきましたが、例えばなぜ「文化祭」を廃止にしなければならないかという議論が目に見える形で進行したとしたら、保護者の協力体制も自然と変わってくるでしょうし、先生たちだけの見解で決定すべきではないこともたくさんあるのではないでしょうか。そのような事案に関しては、保護者の意見も積極的に聞き入れる姿勢をとることこそが、本当の意味での「開かれた学校作り」に沿った流れであって、「常に校門が開かれた学校」を作って自己満足している先生たちの勘違いも是正されることでしょう。保護者の目が光っているところでは、先生たちの半端な言動は許されません。

蛇足になりますが、教員時代に私が県外視察で訪問した長野県のある公立中学校では、教師代表・保護者代表・生徒代表からなる「制服制定委員会」が設置されていて、三年に一度制服の検討をしているそうです。制服のデザインには有名なデザイナーの協力も得ているので、子供たちは制服を着ることに誇りを持っているとのことでした。ネクタイは儀式の時以外は着用を義務づけられていないそうです。学級担任も三年間変わらないし、クラス替えもないそうですから、本当に気合いの入った学校ですね。先生たちの中には、クラス経営に悩んで職場を去る人もいるそうです。さすがは教育県長野です。

本当の意味でのＩＴ化推進を

私自身もコンピューターをいじりはじめたのは非常に遅かったほうですが、「総合学習」の授業ができて、子供たちがコンピューターのプレゼンテーションソフトを使って発表の準備を進める時代になったにもかかわらず、未だにコンピューターの研修に取り組まない先生たちが驚くほど多いのは残念なことです。私のような機械音痴でも、必死で努力すればある程度の操作は半年もかからずにマスターできてしまいます。要は、先生たち自身にそれをするだけの決意とエネルギーがあるかどうかなのです。

例えば、生徒指導の記録もコンピューターを使って行えば、「破損」という言葉の入った事件だけをピックアップして整理することも一瞬のうちにコンピューターがやってくれますし、データさえしっかりと入力されていれば、ありとあらゆるまとめ方ができることになります。また、通知票などもコンピューターのワープロソフトを使って作成して一向にかまわないと思うのです。「手書きが一番だ」という時代はもはや終わりました。確かに手書きの文字には温かさがにじみ出ますが、今の時代はできるだけ多くの正確な情報を保護者に伝えることのほうが優先されるべきですし、ワープロソフトを使うことで浮いた時間を他の作業にあてることもできます。ただし何でもかんでもワープロでという考え方にはある程度の制限を自主的に設けるべきではあるでしょう。私の場合は、手紙だけはできるだけ毛筆を用いて書くようにしています。別に私は習字を習っていたわけでもないのでとても人様に見せられるような達筆ではありませんが、それでも日本人の心を大事にしたいと私なりに考えた結果なのです。クラスの掲示物も、手作りでできるものは子供たちと一緒になって作成すればいいと思いますし、その中にワープロソフトやグラフィックソフトを使った掲示物が混在していても少しもかまわないと思います。

Ｔ市の場合にはある特殊な事情から、子供たちの使うコンピューターからインターネットを利用することができません。先生たちが使う親機からもインターネットに接続することはできても、メールを送受信することは許されていないのです。あれだけたくさんの最新式のコンピューターをそろえておきながらインターネットもできないのでは、予算の無駄遣いとしか言いようがないでしょう。日本の他地区の学校では、もう十年以上前からインターネットを使った世界の学校との交流が展開されてきました。それが、Ｔ市の学校に通っているがために、そのような貴重な体験ができないまま中学時代を終えることになるというのは、同じ義務教育を受けていて不公平だとは思いませんか。

コンピューターに関する機器も購入が制限されていますから、プレゼンテーションに必要な小型のプロジェクターも五台以上完備している学校は市内にはほとんどありません。事務室の先生方がいくら頑張って予算を作ってくれても、一年間に一台のプロジェクターを購入するのが精一杯なのです。「そんなもの使わずに、模造紙に書いて発表すればいいんだ」などと「自然派」を気取る先生もいますが、紙資源の節約をスローガンに掲げている時代に、なぜ上質の模造紙を大量に使うことを生徒に教えるのでしょう。これからは紙を使った書類は徐々に姿を消して行くに違いありません。そうでなければ、地球上の樹木は生存していくことができなくなってしまうからです。そういう意味でも、コンピューターの有効活用にはしっかりと予算をかけるべきです。国は各地方自治体にそのための補助金を拠出してもいいのではないでしょうか。自衛隊に納めるミサイルをほんの数十発節約すれば、そのくらいの教育予算は簡単に捻出できるのですから。教育は投資です。莫大な予算をかけても必ず見返りのある投資です。整えられた環境で学習した子供たちは、やがて立派な技術者や知識人となって、日本の未来に大きな財産を築いてくれるはずだからです。『人は城、人は石垣』という題名の本がありましたが、「人間」こそ世の中で最も価値のある財産です。その財産を育てるためならいくらお金を使っても無駄になることは絶対にないのです。世の中の上に立つ指導者たちは、国民の血税を何に使うべきか、真剣に検討してもらいたいものです。

全教師にカウンセリング研修を

つい先日のテレビニュースによれば、小学校での対教師暴力や不登校の件数がまた増加傾向を見せ始めたそうです。子供たちの心をつかむことがそれだけ難しい時代を迎えたと言うことでしょう。県教委は専任の心理カウンセラーを各学校に配置するという方針を決定しましたが、人件費の問題を考えると、カウンセラーを全ての学校に配置することはほとんど不可能でしょう。それならば、全教師にカウンセリングの研修を義務づけたらどうでしょう。いじめや不登校や思春期特有の反抗的な行動に対して適切な対応ができない先生がこれだけ多いのですから、カウンセリング研修は真剣に検討しなければならない問題です。本当に子供が好きで教員になった先生ならば、そんな堅苦しい研修をしなくてもきちんと子供の心を理解することができると思いますが、控えめに見積もっても半分以上の教師は本当に子供が好きで教職を選んだとはとても思えません。

ストレスが多い時代に、心理学の知識を豊富に備えた教員が切望されるのは当然のことでしょう。自分の殻に閉じこもって言葉を発しようとしない子供たちの心の扉を開けるためには、それ相応の専門知識が必要になってきます。もはや「情熱」だけでは子供たちの置かれた状況に対応できない時代になってしまったのかも知れません。一週間あたりに担当する授業数が増え、なかなか研修に出ることができない現実もあるのですが、だからこそ文科省が責任を持ってカウンセリング研修の機会を保証すべきだと思うのです。

もちろん、付け焼き刃の小手先の技術だけで人間の心が扱えるようになるとは思えませんが、そのような基礎の上に温かい思いやりの情があれば、少しでも子供たちの心を解放する可能性が出てくるのではないでしょうか。そのための研修費をけちるようでは、本当の意味での教育改革を推進することはできないでしょう。多忙な学校生活に振り回される先生たちを、一方的に責めても仕方のないことです。まずは先生たちに研修の機会を与えてその上で努力をしない教師に厳しい批判を浴びせるのが正当な順序というものでしょう。

生徒指導担当の人選は慎重に

公立学校には児童指導担当の教師や生徒指導担当の教師が必ず存在するものですが、どのような基準で人事が決まっているのか非常に疑問に思うことがあります。おそらくは、授業数に比較的余裕のある教科の先生をターゲットにして人選しているのでしょう。しかし、「生徒指導担当」と言えば、学校の指導方針の中心的な存在になる人物です。他の職員を牽引する指導力も兼ね備えていなければなりませんし、何よりも生徒指導についてのしっかりした信念を持ち合わせた先生でなければなりません。ただ単に、堅苦しい校則の確認をしたり、確認事項の印刷をしたりするのが役目では決してありません。

学校によっては、各学年に学年生徒指導担当という役目を設けているところもありますが、いずれにしても大きな問題は「生担」を務める先生の授業時数に以前のような配慮が全くなされていないことです。空き時間が少なくなれば、学校全体や学年全体の生徒指導状況を観察分析し、学校方針や学年方針を考案する余裕などあるはずがありません。荒れている学校になれば、生担の仕事は数倍にふくれあがり、もう目の回る忙しさです。そんな劣悪な環境にあってきちんとした仕事をしろというほうが無理なことなのです。人選を慎重にした上で、授業時数に十分配慮して、もてる力を百パーセント発揮してもらえる環境作りをしたいものです。

もちろん生徒指導は全職員をもってあたるのが原則ですが、実際には指導が必要な場面に出くわしてもどうしていいか即断できない先生たちがどんどん増えています。修学旅行で生徒が自販機のジュースを買っているのを発見しても、注意しなければいけなかったかどうか、教師用のマニュアルを見直さなければ判断できない先生が実際には数多く存在するのです。そんなことをしていたら、気がついたときには生徒はもう視界から消えていることでしょう。そんな頼りない状況を打開するためにも、他の職員を強力に指導できる先生の存在が絶対に必要になってきます。

また、生担になると「生担研修」という名の下に出張が多くなるのも問題です。せっかく学校の指導的な立場にある人間を、頻繁に出張に出してしまうのでは何の意味もないではありませんか。ですから、研修の回数にも制限を設けなければなりません。

問題は他にもあると思いますが、生担の多くが部活動で活躍している先生であることも難しい状況を生む原因になっています。部活の顧問が不足している現状の中で、生担だからという理由で指導力のある教師を部活から遠ざけてしまうのももったいない話です。ですから、学年ごとに生担を設けるという発想も捨てがたいところがあるわけです。たった一名の生担に全ての指導を任せるのではなく、複数の指導力のある先生で生徒指導の中心的な役割を演じてもらうことが、一番現実的かも知れません。

先ほど生担の人選は慎重にという話をしましたが、実際「生担」という立場にありながら、弱い立場の生徒たちに対する配慮が全くできない筋肉のかたまりのような先生もいることは確かです。人間の心は決して腕力では動かすことができないものですから、生担の人選には本当に慎重を期さなければならないのです。

全職員に定期的なレポート提出の義務を

生担が強力な指導力を発揮する環境が整ったら、次は一般の職員にも生徒指導の充実を意識してもらわなければなりません。自分のクラスや学年にいじめに遭っている生徒や不登校の生徒を抱えていても、自分が担任でもない限り、ほとんど関心を示さない先生もいます。ひどいケースになると担任でありながら何ら有効な対策を講じることがないまま一年間を過ごしてしまう先生も存在するのです。これでは、いくら優秀な人材を生担に起用しても学校は全く機能しないでしょう。

ですから、私は全職員が最低でも一月に一回は自分の生徒指導の記録を提出する義務を負うべきだと思います。「そんな形ばかりのことをやっている暇があったら動いたほうがずっとましだ」ともっともらしい発言をする先生の顔が目に浮かびそうですが、そういう逃げの理論を振り回す人に限って、徹底したきめの細かい生徒指導ができないものです。ですから、職員がどんなに文句を言おうとも、これだけは絶対に提出を義務づけて、それをいい加減にすまそうとする先生たちには厳重な罰則を下すといいでしょう。減俸処分が一番有効かと思います。

「そんなことをしても、先生たちの反感を買うだけだ」と言われてしまうかも知れませんが、そのくらい強硬な姿勢で臨まなければ楽な道を選んで平気であぐらをかいてしまう先生たちが現実に大勢いるのです。そういう先生たちは何もしないわけですから、問題になることもありません。世間の皆さんがそれでいいと言うなら仕方ありませんが、学校の教師を本気にさせたかったら、必要以上に厳しい手段を講じなければならないのが悲しい現状です。「良心に訴えれば先生たちもきっと真剣になってくれるだろう」などと考えたら大間違いです。「お金にならないそんな苦労はできるだけ避ける」というのが今の先生たちの本音です。下手に動いて保護者の反感を買うよりは、何もしないでじっとしていたほうが得だからです。そういう意味では、やたらと教師批判を繰り広げる保護者にも大きな責任があると言わざるを得ませんね。

私は堅苦しい方策ばかりを論じてきましたが、公立学校を本気で蘇らせようとしたら、今すぐにでも大手術をすることが大切で、この時期を逸したら、あとは「末期ガン」の症状に世間があわてるのを待つだけでしょう。もちろんそのときは手遅れですから、世の中の大半の人々は公立学校を見捨てて、借金をしてでも私学に頼る時代が到来するでしょう。

私の意見がおかしいと思ったら、ぜひ抜き打ちで学校を覗いてみることですね。

日の丸と君が代

二十三年前に私が教員に採用された頃は、日教組がまだ活発に活動を展開していた時期で、特に私の勤務していた湘南地方は日教組の力が強いことで有名でした。「教え子を戦場に送るな」「いつか来た道」などのスローガンを掲げ、組合の中央委員会に出席すれば米軍のトマホークの配備に反対する議論が展開されていたり、いったい私は教員になったのか政治家になったのかわからなくなってしまいそうな状況でした。私の意見では、基本的に政治論争に花を咲かせたい人は、教職員ではなく政治家になるべきだと思います。そんな議論に熱中している暇があったら、教育に関する研究をもっと深めるべきでしょう。

日の丸と君が代の問題も、ただ日教組が反旗を翻すだけで、一度として前向きな議論が交わされたことがありません。文部省は日の丸を掲げ君が代を歌わせろと主張し、日教組は是が非でもその命令には従わないという対立構造ができあがっていました。しかし、よく考えてみると議論の中心になっている世代は戦争を経験していない世代なのです。戦争を経験した人々の意見はどこに行ってしまったのでしょうか。私は試しに父に聞いてみました。「日の丸や君が代は廃止して欲しい?」すると父は意外にも「もっと大切にして欲しいよ。日の丸と君が代のために命を犠牲にした戦友たちのためにも、もっと大切にして欲しい」と言ったのです。よく考えてみれば、日の丸や君が代には何の罪もないのです。それを戦争遂行の手段に利用したのは軍部ですから、日の丸や君が代に新しく平和のシンボルとしての意味を持たせれば、国旗・国歌論争には簡単に終止符が打たれるのではないでしょうか。国際的に見ても、自分の国の国旗と国歌についていつまでも結論の出ない論争を続けているような暇な国は日本ぐらいなのではありませんか? それでいて、アテネオリンピックで金メダルをとった選手をテレビでうっとりして眺めながら日の丸と君が代に酔いしれている日本人が存在します。何という主義主張の一貫しない国民なのでしょう。もし、多くの人々が日の丸と君が代に反対なのであれば、できるだけ早く新しい国旗と国歌の制定に向けて動き出すべきではないでしょうか。

音楽の授業中に君が代を教えない音楽教師たち。彼女たちの多くは、大した政治思想も持っていないのです。君が代の意味も深く考えたこともないくせに、日教組の命令に従って君が代を教えない。こんなことが長く続いていていいのでしょうか。子供たちは、先生たちに従っていいのか文科省に従っていいのか迷ってしまい、やがてはどちらの大人も信用するのはやめようと、厭世的な道を選択しないとも限りません。

私個人としては、日の丸と君が代には新しい平和のシンボルとしての意味を持たせて、そのまま堅持すべきだと思います。日の丸を仰ぎ、国歌を斉唱するたびに、二度と悲惨な戦争を起こしてはいけない、またそのような戦争を見過ごしてはいけないという決意を新たにすればいいのではないかと思っています。こんなことを言えば「お前は右寄りだ」と言われてしまうかも知れませんが、そもそもそういう発想が日本人の欠点なのです。人は時には右寄りであり、また時には左寄りであり、そして時には中道を行くものです。たった一つの発言で人間を決めつけるのではなく、意見は意見として冷静に議論を進めることができる文化的な人間が増えなければ、国旗・国歌論争に正当な結論を下すことは不可能でしょう。文科省も、いつまでもプライドにこだわっていないで、日教組と膝を交えて前向きな議論を展開してみてはどうでしょう。そこには国民の代表も参加し、ガラス張りの会議場の中で堂々と議論を交わすのです。それでこそ民主国家日本であり、アメリカべったりの属国から脱却する唯一の道だと思います。

官民の交流を一層活発に

高校入試制度の改革が急速に進む中、公立学校と私塾との対立は一層激化しています。お互いにどのような立場にあろうとも、対立にエネルギーを浪費するのはいかにももったいないことではないでしょうか。

公立学校と私塾とでは基本的な違いがいくつかあります。そして、必ずしも私塾が公立学校を凌駕しているとは言い切れません。例えば、教材研究一つを例にとってみても、私塾は独自の教材を開発しており、その教材の内容は非常に優れたものです。私は受験英語と実用英語とは全く相反するものではないという意見の持ち主ですが、私塾の問題集はそういう意味でも非常に研究が進んでおり、私は次々にページを繰っていきたい衝動にかられてしまいました。他教科の教材を見ても、今からでもいいから自分がその教材を使って勉強したいと思わせるような内容です。ところが学校はといえば、独自の教材を開発する能力を発揮している先生たちはごくわずかで、多くの教師は市販の教材に頼っているのが現状です。もちろん著作権の問題がありますから、問題集のページをそのままコピーして使うわけにはいきませんが、形式を真似して一部のデータを変更しさえすれば、定期テストの問題として使うことも可能なわけです。また、自分の作った補助プリントを、常に更新する意欲を見せる先生も少なく、何年も前に作成したプリントとほとんど同じ内容のプリントを繰り返し使っているのが現状で、これでは新しい教育改革に対応していくことは全くできないでしょう。私は、特別な事情がある場合を除いては、前年度に使った教材をそのまま使用したことはまずありません。同じ学年を担当しても、必ずプリントは一から作り直すのです。なぜなら、言葉は日々変化するものなので、補助教材には最新の情報を載せたいと思ってきたからです。

ところが、生徒指導の問題になると私塾の先生たちには未熟な点が目立ちます。保護者から授業料をもらって授業をしているという立場も手伝ってか、子供たちの無礼な行動に対する対処があまりにも鈍いのです。やる気のない失礼な態度をとる生徒は、即刻家庭に連絡して帰宅させるくらいの気合いがあったほうが、保護者の信頼をかえって得られると思うのですが、若い先生が多いこともあって、子供たちとため口で授業を展開したり、自分のことを「俺」と称したり、子供のことを「お前」と呼んだりする先生が多く見受けられるのは非常に残念なことです。なぜなら、彼らの若いエネルギーは、今の学校には決して望めない貴重な宝だからです。

そこで、私は私塾の先生と公立学校の先生が一定期間交換授業をすることを提唱したいと思います。学校の教師は、少人数制クラスや個別指導の授業を担当することで、子供たちの発する鋭い疑問に対して適切な対応をするためには、今までの教材研究では全く足りないことを知るでしょう。教科のプロにならなければ、私塾では子供たちの好奇心に対応していくことができないのです。私塾の教材を見ることで、もう一度初心に帰って独自の教材研究を始める先生も出てくるに違いありません。

また、私塾の先生は三〇人から四〇人の生徒を相手に、規律正しい授業を展開することがいかに難しいかを知ることでしょう。多くの生徒の注意を自分のほうに向けるためには、なあなあの人間関係では不十分です。ポイントを押さえた生徒指導ができなければ、子供たちの規律を維持することはできないのです。本当に興味を引くような話し方や表情を学ぶことは、私塾の先生にとっても大きな収穫となることでしょう。失礼な態度をとる生徒をどのように指導するかという問題も、簡単に対処することができるほど甘いものではありません。クラスの他の生徒の中であからさまに注意をすればその生徒のプライドが傷ついてしまいますから、教室から外に出してじっくりと話を聞いてあげる姿勢も大切なのです。その上で、クラスの生徒が見ている前で、無礼な態度を放置しておくことは決して許されません。一度そんなことをすれば、次の授業から子供たちはその先生の足元を見ることになってしまうからです。

学校の教師が民間企業に二年間ほど派遣される制度も、もっと活発に行われるべきでしょう。ただし、それは年配の教師を対象にするのではなく、まだこれから伸びる可能性を有した若い年齢層の教師に対して実施されるべきでしょう。民間の厳しさ、ノルマを達成できない社員がどのような冷遇を受けるか、そのような真剣勝負の世界を経験することで、学校の先生が楽な職場であぐらをかいている状況にあってはいけないことを思い知らされるでしょう。学校の教師はノルマも成果も決して目には見えませんから、それによってプラスの評価を受けることもマイナスの評価を受けることもありません。

官民の交流は、お互いにいい刺激を与える効果を生み、どちらの立場の世界をも活性化させるカンフル剤となってくれることでしょう。民間企業の管理職が学校の教師を一カ月間ほど経験することも決して無駄にはならないでしょう。なぜなら、子供たちの心を引きつけ、子供たちから大きな信頼を得るためには何をすればいいかを学ぶことができるからです。口先のお説教では子供たちの心を動かすことはできません。自分が率先して行動してこそ初めて「後ろ姿の教育」ができるのです。それは、企業に戻ってからも部下の信頼を集める優秀な管理職になるために大きく役立つことでしょう。

公立学校の予算執行状況と給与明細の公表

学校が与えられた予算をどのように使っているかを世間に知らせることはとても重要なことです。なぜなら、現在の学校は不足する予算の中で大変な苦労を強いられているからです。どんな項目にいくら使ったかを知ることで、子供たちにとって理想的な教育環境を整備するためには今までの予算では不十分なことに誰もが気づくでしょう。コンピューター室のレーザープリンターの使用制限を緩めることで、教育効果が劇的にアップすることは容易に想像することができます。また、学校がいかに視聴覚機器に恵まれていないかを知ってもらえれば、そのための特別予算を請求することも可能になるでしょうし、ＰＴＡがそのための援助をしてくれる可能性も十分にあるでしょう。

それと同時に、職員の給与明細も公表すべきだと思います。管理職がどのくらい余分な「管理職手当」をもらっているかを公表すれば、いい加減な学校運営をする管理職も襟元を正さずにはいられなくなるでしょう。また民間に比べると驚くほど高額な給与を保証されている教員は、その分だけ自分たちの背負わされた責任の重さを自覚することにもなります。もらった給料の分かそれ以上の働きを見せなければ、先生たちは世間の厳しい批判にさらされることでしょう。その批判に耐えられない教師は、どんどん職場を去ればいいのです。公務員を大した理由もなく解雇することはできませんから、先生たちに大きなプレッシャーをかけて、それに耐えられない教職員が自主的に退職希望を出すような厳しい雰囲気を作ってしまえばいいのです。

「不器用な先生にも存在意義があるのだし、子供たちには弱い立場の人間も尊重することを教えたい」などと的はずれな言い訳をする教師がいたら、それこそ保護者がよってたかって怒鳴りつけてしまえばいいでしょう。長年奉仕してきた会社にある日突然リストラされて、それでも何の言い訳も聞いてもらえない人々が多く存在する世の中にあって、なぜ教員だけが過保護な状況に置かれていていいのでしょう。甘えはもう許されません。

第5章

学校ガチンコQ&A

皆さんの疑問に本音で答えましょう

【実は娘が中一の後半から不登校状態に陥り現在中学三年生になりました。担任の先生の話では不登校児を受け入れてくれるような全日制の学校はないとのことですが、それは本当なのでしょうか】

担任の先生がどのような意図でそのような発言をされたのかはわかりませんが、結論から言えばそんなことは決してありません。私立の高校でも県立の高校でも、娘さんに勉学の意欲があると判断すれば、合格の可能性は十分にあります。ただし、家庭教師などの力を借りて、中学校の基礎的な学習はすませておいたほうがいいでしょう。中学校時代に何も動きを起こさずにいては、高校側に娘さんのやる気をアピールすることができないからです。また、現在では専門学校でも高校卒業の資格がとれる制度が整備されていますから、全日制の高校に進学することがまだ不安なようであれば、そのような学校に直接相談してみることも価値があると思います。大切なのは、娘さんを本当に気遣ってくれる良心的な先生たちと出会えることですから、学校の形態にこだわる必要はないでしょう。

【息子は中二の夏休みで顧問の先生と折り合いが悪くなり部活動をやめてしまいました。部活を三年間続けなかった生徒は、内申書に悪く書かれるというのは本当ですか】

それはあり得ません。そもそも内申書（正式には「調査書」と呼ばれています）は、担任の独断で書かれるものではありません。調査書は複数の教員の目を通過して初めて学校長の職印が押されることになりますから、生徒の進学に不利な情報が書かれていた場合には、必ずチェックされて書き直すことになります。部活を途中でやめた場合などは、普通は部活動の欄に何も記入しないものです。確かに、大きな実績を残せなくても三年間部活動を続けたことを記録に残すことはできますから、それが有利な情報になることはあっても、途中でやめたことが不利な情報として扱われることは絶対にないと断言できます。

【うちの子供は定期テストの点数はかなりいいのですが、どうしても成績が思わしくありません。学校の先生たちにも反抗的なようですし、そのような態度が成績の不振につなが

っているのでしょうか】

可能性としてはあるともないとも言い切れませんね。まずは、お子さんに普段の提出物などをきちんと出しているかどうか確認してみて下さい。教師に反抗的だという客観性に欠ける理由だけで成績が悪くなるということはあまり考えられないのです。各教科の先生たちが、正当な評価をしているかどうかを検討するために、成績会議というものがあるわけですし、各クラスの担任は納得のいかない成績がついている場合には、その教科担当に徹底的に理由を正しているはずです。ですから、親の知らないところでお子さんが評価対象になる課題などをさぼっている可能性も大きいと思います。私はこの本の中で、女性教師は感情的に過ぎる面があると書きましたが、だからといって大切な成績にまで感情を一方的に持ち込む先生はめったにいないと思います。

【学校はなぜ細かな校則で子供たちを縛ろうとするのですか。授業さえきちんと受けていれば髪の毛の色やピアスや服装をとやかく言われる筋合いはないと思うのですが】

それは価値観の違いではないでしょうか。私は学ぶ立場の中学生が、あまりに華美な服装で授業に臨むことには反対です。私生活と学校生活との区別をつける訓練も、中学生時代には必要なのではないでしょうか。何でも自由にすることを許されて育ってしまえば、やがて社会人になったときに会社の束縛に耐えられずに、簡単に会社をやめてしまう根っこの弱い人間になってしまう危険性もあると思うのです。私生活で茶髪やピアスを親が許すのは自由ですから、学校はそこまで介入しないはずです。同じように、学校生活の中に個人的な価値観を持ち込んで混乱を生じさせるのはいかがなものでしょうか。ちなみに、現在の公立学校には世の中の人が納得できないような奇抜な校則はほとんど存在しなくなりました。先生たちにしてみても、細かな注意に明け暮れするのは精神的に大変な疲労を伴うことなのです。

授業中に携帯電話でメールのやりとりをしていた生徒がかつておりましたが、学校に必要外のものを持ち込めば、どこかでスリルを楽しみながら使ってみたくなるのが人情でしょう。それに、誰もが高価な装飾品や携帯電話を購入できる経済的な余裕のある家庭に育っているとは限りませんから、やはりある程度の規律は必要だと思います。私に子供がいたとしたら、学校生活では決して茶髪やピアスを許すつもりはありません。ただ、私生活ではピアスなどは許すと思います。

【塾の先生が学校の先生はでたらめだと言います。私たち親子も同感なのですが、なぜ塾には熱心な先生がいて学校にはそういう先生がいないのでしょうか】

それは大きな勘違いです。塾にも学校にも素晴らしい先生はいると思いますし、同じようにどちらにもどうしようもない先生はいるでしょう。基本的に塾の悪口を生徒の前で言う学校の先生と、学校の悪口を生徒の前で言う塾の先生は、人格的に問題があると思います。同じ教育に携わる者ならば、立場の違いを乗り越えて、子供たちが教師に不信感を持たないような指導をするべきだからです。また、塾の先生は子供たちに成績をつけることがありませんから、子供たちにとっては「頼れる味方」と見なされやすいのです。私は、教師になる前に四年間、そして教師をやめてから一カ月間私塾で講師をしてきましたから立派な先生は決して他の先生の悪口を軽々しく口にしないということをよく知っています。正義感に燃えた大学生が学校批判をする可能性はありますが、そのような先生が実際に学校の教壇に立ったら、果たしてどの程度立派な授業ができ、どのくらい生徒たちから信頼される先生になれるか、私には容易に想像がつきます。基本的には、子供を立派に育てたかったら、子供の前で大人同士が悪口を言い合う環境だけは作らないことです。

【最近の中学校は部活中心で、夏休みなど家族旅行も満足にできません。先生たちももう少し子供たちの家庭のことを考えてくれてもいいのではないでしょうか】

お気持ちはよくわかりますが、その前に部活動の顧問の先生たちにも家族がいることを忘れてはいませんか。部活の顧問をしていれば、自分の家族を旅行に連れて行くこともできない場合が多いのです。そこまでして部活動の指導に携わってくれている先生に対して、「もっと私たちの都合を考えてくれ」と注文するのは、私個人の意見としてはいかがなものかと思います。部活動は基本的には顧問の先生の方針によって運営されていますから、その方針に納得がいかないのであれば、直接顧問の先生と話し合いを持つべきで、それでも意見が平行線をたどるようであれば顧問の先生を批判する前に、退部することを考えるのが筋でしょう。学校の教師の中には確かに自分勝手な部活動計画をたてる先生もいます。わざわざお盆の時期に練習を入れたりする先生は、私には信じられません。しかし、多くの先生たちは大変な思いをしながら顧問をしているのです。まずはそこを理解していただかなければ、保護者の一方的な要求は顧問のやる気を喪失させるだけでしょう。

【子供の話ですから半分に聞かなければいけないとは思うのですが、学校の先生たちの中にはあいさつをしても無視するようなひどい方がいると聞きます。それは本当なのでしょうか】

残念ながら本当です。私自身、職員室の中でどうして簡単なあいさつもできないのかと腹が立つ思いをしたことが何度もあります。忙しくて気がつかないだけなのかも知れませんが、何かをしてもらって「どうもすみません」とか「いつもありがとうございます」という言葉が自然に口をついて出てくる先生が不思議なほど少なくなりました。ですから、子供たちがせっかく元気にあいさつをしているのに、仏頂面で通り過ぎる先生がいてもちっとも不思議ではありません。こういう先生は何を言っても一生変わらないでしょう。ですから、私は同僚に何かを期待することはとうの昔にやめてしまいました。少なくとも、自分だけは「感謝」の気持ちを忘れずにいようと努力するのが精一杯だったと言ってもいいかもしれません。

ですからお子さんには、「きっと先生も忙しくてあなたのあいさつが聞こえなかったのよ」と言ってあげて下さい。そして、そのような非常識な教師に過大な期待をかけるのもやめたほうがいいと思います。そういう先生にはいつか必ずつけを払わせられるときがやってくるはずです。

【行事のたびに思うのですが、どうして校長先生の話はいつもいつもつまらないのでしょうか。子供たちの様子を見ると、話に飽きてしまってあくびをしている子もいるのです】

こればかりは、校長先生が話し上手か話し下手かの問題なので、私にも何も言うことができません。ただ、最近の校長先生たちの中には確かにどうでもいい話を長々とする人が多くなったような気がします。「自分ならもっと気の利いた話ができるのになあ……」と思ったことも正直言ってありました。そういう校長にあたった場合には、私はその後の学活の時間などで、校長のつじつまの合わない話を何とかかみ砕いて子供たちに説明するようにしていました。まさか、子供たちの前で校長批判をするわけにはいきませんからね。

これからは、話し下手な人は学校長には登用されない制度を作るべきでしょうね。ただ、話し上手だからといって、その校長先生が信頼できる人物であるかどうかはわかりません。話し下手な校長先生の中にも誠実な先生はいらっしゃるものです。

【どうして学校の教師をやめてしまったのですか。学校に残って学校を変えようと頑張るほうが前向きな姿勢だと思うのですが】

そう言われてしまうと返す言葉がありませんね。確かに学校に残って頑張ることもできたでしょう。しかし、私にはどうしても納得のいかないことが多すぎたのです。信頼できる仲間も大勢いましたが、そういう先生たちは多くの場合、部活動で知り合った他地区の先生たちで、同じ市内の先生たちはほとんど信用することができませんでした。私は、生徒の前では偉そうなことばかり言っているくせに、自分たちはちっとも前向きな努力をしない職員室の雰囲気に我慢がならなかったのでしょう。少し結論を急ぎすぎたかも知れませんが、あと数年我慢して退職したら、おそらく再就職のチャンスはゼロになっていたのではないかと思います。

それと私の心のどこかに、学校の外に飛び出してみたいという欲求があったのかも知れません。とにかく私の退職が、私の人生のマイナス要素にならないよう頑張るだけです。

あとがきに代えて

先日、塾で授業をしているときに、珍しく携帯電話にメールが入りました。もちろんマナーモードにしていましたので、私は全ての授業が終わるまで携帯を開くことはありませんでしたが、内容は「龍馬が脱走した」という妻からのものでした。授業中にメールを送るなど妻がするはずはないので、よほどの事件だったのでしょう。帰宅してから話を聞いてみて私は大爆笑することになります。

事件は妻と小学六年生の甥っ子が龍馬を散歩に連れて行っているときに発生したようです。龍馬は首輪をしていません。その代わりに肩掛け式のハーネスのようなベルトをして散歩をするのですが、彼は次第に知恵をつけてそのベルトから器用にすり抜ける技を身につけたらしいのです。「脱走」した龍馬は街中を我が物顔に走りまくったそうです。たまたまパトロール中だったパトカーが二台も龍馬の捕獲に協力してくれたそうですが、すばしっこい彼はなかなか捕まらず、道路は予期せぬ大渋滞に陥ってしまったそうです。挙げ句の果ては道のど真ん中に大盛りの大便をした上に小便までまき散らして、お縄になったようですが、彼の成長ぶりは本当に目を見張るものがあります。

平成十五年二月十五日生まれの彼は、もう六カ月を超えました。体重もめきめき増えて今では九キロ近くあります。雄の柴犬ですからまだまだ大きくなることでしょう。最近の龍馬をよく観察していると、まだ幼かった頃の彼とはいたずらの内容が大幅に変わってきたことに気づきます。私たちとのかけひきも上手になり、柴犬の頭の良さを改めて思い知らされています。散歩の途中でよく出会う人に聞いてみたところ、二歳くらいまではいたずら盛りで目を離すことができないとか。そういう時期を経験してようやく落ち着いた成犬へと成長していくのです。

人間の子供たちも同じでしょう。いたずら盛りの彼らは、数々の失敗を繰り返しながら次第に大人への階段を上っていきます。そのスピードは子供によってまちまちですから、周囲の大人たちはそのへんの個性の違いも十分に理解した上で、彼らの道草をしっかり見守ってあげなければなりません。それはときには大変な忍耐を必要とすることですが、私たちが子供のときも同じ苦労を周囲の大人たちが背負ってくれていたのですから、今度は私たちがその恩に報いる番です。

公立学校の教員が大変な批判の嵐にさらされていますが、私はその風潮に乗って彼らを批判するためだけにこの本を執筆したわけではありません。私もついこの間までは同じ公立学校で教壇に立っていたわけですし、この本に書いたような醜態を、知らず知らずのうちにしでかしていたかも知れません。問題なのは、子供たちが大きな変化を遂げつつある原因の全てを学校の先生たちに負わせようとする世間の姿勢にあると思います。子育ての責任は、世の中の全ての大人たちが負うべきです。学校の先生にできることには自ずと限界があります。その限界を超えてがんばれというのは、あまりにも不公平な話ではありませんか。何か行動を起こせば、それがそのままプラスの評価につながるわけでもなく、失敗すれば保護者からの非難を浴びるという状況の中では、誰もが保身に走るのはやむを得ないことのような気がします。それでも、私のように安定した公務員の立場を敢えて捨ててまで民間の寒風の中に飛び込んで自分の理想とする生き方を追求しようとする人間もいるのですから、学校の先生たちにももう少し勇気を出してもらいたいと思っています。「出る杭は打たれる」という言葉が通用してしまうような教育界でどうするのですか。能力のある人が高い評価を受けて、周囲の教師がそのような先生の存在にプラスの刺激を受けて前進する教育界でなければ絶対におかしいと思うのです。学校の壁を抜けた私が痛感したことは、お金を稼ぐと言うことがどれほど大変かということです。学校の教師は何もせずに職員室に座っているだけで、手取り四〇万円前後の月給を稼ぎます。こんなに恵まれた職業が他にあるでしょうか。どんなに不景気でも必ず年二回のボーナスは保証されていますし、その額も驚くべき高額に達します。それゆえに、夏休みに年休のまとめ取りをして海外旅行を楽しむ先生たちが大勢いるのです。学校の教師は自分たちの置かれた境遇がいかに恵まれたものであるかということを、改めて自覚すべきです。そして同時に、その好待遇に見合った責任を負っている自分たちの仕事の重さも自覚しなければなりません。

私のこの本が、教育に興味のある人々の議論の火付け役になることができたら最高だと思っています。出版界も不景気ですから、この類の書物がベストセラーになることはまずないでしょう。しかし、誰かが学校の内部の現状を世間に知らせ、ガラス張りの土俵の上で様々な立場の大人たちが真剣に教育論争を戦わせなければならない時代がとっくに訪れているのです。

最近の子供たちはすっかり変わってしまったという嘆息混じりの意見をよく耳にしますが、本当に変わってしまったのかどうか検証した人はどのくらいいるでしょう。もし、私たちの世代が今の時代に生まれていたとしたら、現代っ子と違う道を歩んでいた自信がある人はいるでしょうか。私は、大勢の心優しい前向きな若者たちと接してきましたから、最近の子供たちがすっかり変わってしまったという感想を持つことは全くありません。むしろ、私たちが子供の頃よりも、現代っ子の方がよほど大人びた思考回路を持っているように感じるほどです。世の中の多くの大人たちが、本当に変わってしまったのは私たち大人のほうなのだということに気づけば、教育は自ずと明るい未来へ向かうことでしょう。

ここで、誤解のないように付け加えておきますが、私が書いてきた学校の内部の状況はあくまでも私が勤務していたT市の現状であるということです。同じ神奈川県でも全く違った努力を積み重ねている地域はいくらでもあります。つまり、私塾の先生と同じように一生懸命企業努力をしている公立学校や教職員たちも大勢いるということです。この本を読んで、T市のかつての同僚たちや先輩たちは憤慨するかも知れません。しかし私は敢えて安全な場所から危険な場所へと降りてこの本の執筆をしました。安全な職員室にいながら私の本に文句をつける暇があったら、T市の教員もこんなに頑張っているんだという証拠を、事実として世間に示せばいいと思います。

私は絶対に「負け犬」にはなりたくありません。私以上のストレスに耐えてくれてきた家族のためにも、学校の教師には絶対に負けない人生を歩んで見せる決意です。

最後に、私が教員を辞めるにあたって、様々なアドバイスをいただいた事務主事のKさんや、私の再就職のために奔走してくれた数々の人々の温かい配慮に心から感謝の意を表したいと思います。そして、年齢制限があるにもかかわらず、私に就職の機会を与えて下さった大手進学塾のRセミナーの関係者の皆さんにも、その寛大な心遣いに対して、心からのお礼を申し上げたいと思います。私は社会の温かさに触れることができて幸せです。

《追記》今日は午後の早めの時間を使って妻と一緒に父の介護施設に行ったのですが、いつもは笑顔で迎えてくれるはずの父が、介護士の若い女性にひげを剃ってもらいながら、何やらもの憂げな面持ちをしているのです。「お父さん、どうしたの?」と私がきくと、父はか細い声で答えました。「今日は来てもらって恥ずかしかったなあ」私も介護士さんも父の言葉の意味がよく理解できません。私は、ひげを剃り終わった父の車椅子を押して、いつもお気に入りの廊下の南橋の非常口のところまで行って、何気なくもう一度父に尋ねました。「お父さん、どうしたの? 何かいやなことでもあったの? それともいやな夢でも見たの?」父は涙を流しながら答えてくれました。「みんなが(石山さんはよく家族が来てくれて)いいなあって言うんだよ」父はどうやら家族の訪問が少ない他の老人たちに、恵まれた自分の環境を申し訳ないと思って涙を流していたらしいのです。父の部屋のタンスの整理が終わって私たちのところに戻ってきた妻は、何も言わずにただ優しい笑顔で父の涙をぬぐってくれました。本当に心の優しい女性です。

「お父さんは今まで一生懸命働いてきてくれたんだから、みんながお見舞いに来るのは当然なんだよ。だから誰に何を言われても少しも気にすることなんてないんだからね」私はやせ細った父の後ろ姿を見ながら何とも言えない悲しい気持ちになりました。そして今度訪ねるときには、母と私たち夫婦と龍馬が写っている写真をパネルにして持ってこようと思ったのでした。

日本の戦後をただひたすらまじめに働くことで支えてきた父たちの世代の人々が、今ではすっかり年老いて、傷つきやすい寂しい心を抱いています。彼らのおかげで豊かな生活を送ってくることができた私たちは、日本の社会にどれだけ貢献しているのでしょうか。正義感も道徳心も奉仕精神も忘れて、私たちはただ自分たちの生活の豊かさだけを求めてきてしまったのではないでしょうか。今こそ、私たちの世代がそれぞれの立場で、社会のために頑張らなければならないときなのだと、父の仲間のお年寄りたちを見ながら強く感じざるを得ませんでした。

平成十六年八月三十日

自宅書斎にて

著者プロフィール

石山 ひとし（いしやま ひとし）

1958（昭和33）年生まれ、神奈川県出身
獨協大学外国語学部英語学科卒業
公立中学校の英語教師を22年3カ月間勤める。在職中に部活顧問の経験を土台にした『ソフトボールの娘達』を文芸社より刊行。退職後5カ月間大手進学塾の講師を続け、2005年2月よりECC外語学院邦人講師をしながら執筆活動を続けている。

真実は霧の中

2005年4月15日　初版第1刷発行

著　者　石山 ひとし
発行者　瓜谷 綱延
発行所　株式会社文芸社
〒160-0022 東京都新宿区新宿1-10-1
電話 03-5369-3060（編集）
03-5369-2299（販売）

印刷所　神谷印刷株式会社

ISBN4-8355-8833-9